# 초급 프랑스어

LE FRANÇAIS élémentaire

# 초급 프랑스어

초판 1쇄 발행 2013년 7월 20일
초판 11쇄 발행 2026년 2월 25일

엮은이 김영욱·최윤희

펴낸곳 서울대학교출판문화원
주소 08826 서울 관악구 관악로 1
도서주문 02-889-4424, 02-880-7995
홈페이지 www.snupress.com
페이스북 @snupress1947
인스타그램 @snupress
이메일 snubook@snu.ac.kr
출판등록 제15-3호

ISBN 978-89-521-1481-5 03760

# 초급 프랑스어

LE FRANÇAIS élémentaire

김영욱·최윤희 엮음

서울대학교출판문화원

# 머리말

2012학년도에 제2외국어 교과 과정이 전면적으로 개편되면서, 새로운 교과 과정에 따라 학생들의 수준에 맞게 외국어 교육을 체계적으로 실시할 필요성이 제기되었다. 이에 따라 학생들이 정해진 교과 과정 내에서 프랑스어의 기본적인 문법 구조와 어휘를 습득하고, 일상적인 의사소통을 할 수 있으며, 프랑스어로 쓰인 전공 문헌을 독해할 수 있는 기초적인 능력을 함양한다는 기본 목표를 설정하고 이 책을 기획하였다.

기존의 교양 프랑스어 강좌는 두 학기 동안 초·중급 수준의 문법과 독해 능력을 함양할 수 있도록 구성되었다. 그러나 15주, 두 학기 동안 이러한 목표를 달성한다는 것은 처음 프랑스어를 접하는 학생들에게는 쉽지 않았다. 이와 같은 현실을 반영하여 수준별 학습이 가능하도록 기존의 초급 프랑스어와 중급 프랑스어를 초급 1, 2와 중급 1, 2로 세분화하였다. 이 책은 새로운 교과 과정에 맞춰 집필된 초급 프랑스어 1, 2 교재에 해당한다.

우선 학습자의 수준에 맞춰 적절한 난이도를 유지하면서 주어진 시간 동안 필수 교과 과정을 모두 마칠 수 있도록 문법 사항과 어휘 수를 조절하여, 초급 1과 초급 2 과정을 각 10과씩 총 20과로 편성하였다. 교재의 본문에서는 실제 활용 가능한 표현을 학습할 수 있도록 생활 프랑스어 중심의 텍스트를 제시하되 프랑스의 사회와 문화를 엿볼 수 있는 내용으로 구성하였고, 초급 2에서는 프랑스어 문헌의 독해력을 증진시키기 위해 산문 텍스트를 일부 제시하였다. 이렇게 만들어진 교재 초안을 세 학기에 걸쳐 시범적으로 사용하면서 어휘, 표현, 난이도를 점검, 교정하였고, 매 학기 워크숍과 설문 조사를 통해 학생과 교수자들의 요구 사항을 최대한 반영하였다.

이 교재에서는 세세한 어형 변화를 강조하던 종래의 문법 설명을 탈피하여 문장 구조 중심의 문법 지식, 실제 쓰임새를 중시하는 문법 학습이 가능하도록 구성하였다. 또 필요한 경우 해당 문법이나 표현을 연습할 수 있는 문제들을 곳곳에 배치함으로써 학생들, 또는 교수자와 학생 간의 상호 활동에 의한 언어 활용 연습이 가능하도록 구성하였다. 각 과의 뒷부분에 배치된 Activités는 그 과에서 학습한 문법, 구문 지식을 능동적으로 활용할 수 있게 해줌과 동시에 원어민 강사와 의사소통을 위한 기본 자료로 활용할 수 있도록 구성하였고, 사진 및 일러스트레이션을 적절히 활용하여 시각적으로 효과적인 학습이 될 수 있도록 배려하였다. 학생들이 정해진 교과 과정에 따라 꾸준히 학습함으로써 프랑스어를 충분히 구사하고 해독할 수 있기를 바란다.

이 책은 여러 선생님들, 특히 송근영, 강초롱 선생의 지속적인 관심과 노력으로 출판되었다. 이 자리를 빌려 두 분의 노고에 감사드린다. 또한 교재 내용과 어울리는 빼어난 삽화를 그려준 오아름송이 양, 멀리 프랑스에서 필요한 사진을 준비해 보내준 차지연 양에게도 감사의 마음을 전한다.

# 차례

## 2부

# LE FRANÇAIS
## élémentaire

# 예비편

1. 프랑스어의 알파벳
2. 철자부호와 구두점
3. 철자와 발음
4. 연음 / 연독 / 모음자 생략
5. 주어 인칭대명사와 être / avoir 동사

## 1. 프랑스어의 알파벳(Alphabet)

| | | | |
|---|---|---|---|
| A | [ a / ɑ ] | N | [ ɛn ] |
| B | [ be ] | O | [ o ] |
| C | [ se ] | P | [ pe ] |
| D | [ de ] | Q | [ ky ] |
| E | [ ə ] | R | [ ɛ:ʀ ] |
| F | [ ɛf ] | S | [ ɛs ] |
| G | [ ʒe ] | T | [ te ] |
| H | [ aʃ ] | U | [ y ] |
| I | [ i ] | V | [ ve ] |
| J | [ ʒi ] | W | [ dubləve ] |
| K | [ ka ] | X | [ iks ] |
| L | [ ɛl ] | Y | [ igʀɛk ] |
| M | [ ɛm ] | Z | [ zɛd ] |

## 2. 철자부호와 구두점

### 철자부호(Signes d'orthographe)

[ ´ ] accent aigu : été, café
[ ` ] accent grave : père, là
[ ^ ] accent circonflexe : fenêtre, gâteau, île, tôt, sûr
[ ¨ ] tréma : Noël, maïs
[ ç ] cédille : ça, leçon
[ ' ] apostrophe : j'ai, l'ami
[ - ] trait d'union : grand-mère, va-et-vient

### 구두점(Signes de ponctuation)

[ . ] point
[ , ] virgule
[ ; ] point-virgule
[ : ] deux points
[ ! ] point d'exclamation
[ ? ] point d'interrogation
[ ... ] points de suspension

### 기타부호

[ ( ) ] parenthèses
[ « » ] guillemets
[—] tiret

# 3. 철자와 발음

## 구강모음(Voyelles orales)

| 철자 | 발음 | 예시 |
|---|---|---|
| a / à | [a] | la, madame / à, là |
| a / â | [ɑ] | tasse, bas / âme, gâteau |
| e / é | [e] | des, avez / été, café |
| e / è / ê / ai / ei | [ɛ] | avec / mère / même / mais / neige |
| e | [ə] | le, de |
| i / î / y | [i] | si / île / lycée |
| u / û | [y] | tu / sûr |
| o / au | [ɔ] | joli, porte / Paul, saute |
| o / ô / au / eau | [o] | mot / hôte / chaud / eau |
| ou / où / oû | [u] | tout / où / croûte |
| oui | [wi] | oui, Louis |
| eu / œu | [œ] | seul / sœur |
| | [ø] | bleu / vœu |
| oi | [wa] | toi, quoi |
| ay / ey | [ɛj] | paysan / asseyez-vous |
| oy | [waj] | voyage, employé |
| uy | [ɥij] | appuyer, essuyer |

## 비강모음(Voyelles nasales)

| 철자 | 발음 | 예시 |
|---|---|---|
| am / an / em / en | [ɑ̃] | chambre / grand / ensemble |
| en / im / in / ym / yn / aim / ain / ein | [ɛ̃] | combien / timbre / vin / symphonie / syndicat / faim / pain / plein |
| om / on | [ɔ̃] | bombe / bon |
| um / un | [œ̃] | humble / un |
| oin | [wɛ̃] | loin |

## 자음(Consonnes)

| 철자 | 발음 | 예시 | 철자 | 발음 | 예시 |
|---|---|---|---|---|---|
| b | [b] | bonne | eil | [ɛj] | soleil, bouteille |
| c | [k] | cahier | euil | [œj] | deuil, feuille |
| | [s] | merci | ouil | [uj] | mouillé |
| ç | [s] | français | m | [m] | madame |

| 철자 | 발음 | 예시 | 철자 | 발음 | 예시 |
|---|---|---|---|---|---|
| ch | [ʃ] | charmant | n | [n] | non |
| | [k] | chrétien | p | [p] | pont |
| d | [d] | dans | ph | [f] | téléphone |
| f | [f] | femme | qu | [k] | qui, quartier, musique |
| g | [g] | garçon | | | |
| | [ʒ] | rouge | r | [R] | restaurant |
| gu | [g] | guide | s | [s] | sac |
| gn | [ɲ] | montagne | | [z] | rose |
| h | [-] | homme | ss | [s] | aussi |
| j | [ʒ] | jour | t | [t] | table |
| k | [k] | klaxon | | [s] | nation |
| l | [l] | salle | th | [t] | thé |
| ill | [ij] | famille | v | [v] | vallée |
| | [il] | ville | x | [ks] | excuse |
| ail | [aj / ɑ:j] | ail / bataille | | [gz] | examen |
| | | | | [s] | six |

cf.) 무음 h(h muet)와 유음 h(h aspiré) : l'homme, les habitants / le héros, très haut

# 4. 연음 / 연독 / 모음자 생략

## 연음(Enchaînement)

pour une enfant : [puR] [yn] [ɑ̃fɑ̃] ⇨ [pu/ʀy/nɑ̃/fɑ̃]

avec une amie : [avɛk] [yn] [ami] ⇨ [a/vɛ/ky/na/mi]

J'ai mal à la tête : [ʒe] [mal] [a] [la] [tɛt] ⇨ [ʒe/ma/la/la/tɛt]

## 연독(Liaison)

un petit enfant [œ̃pətitɑ̃fɑ̃]

ils ont [ilzɔ̃]

un enfant [œ̃nɑ̃fɑ̃]

les écoles [lezekɔl]

dix ans [dizɑ̃]

Comment allez-vous? [kɔmɑ̃talevu]

### 모음자 생략(Élision)

| | | | |
|---|---|---|---|
| le | + 모음 / 무음 h → | l' | l'enfant, l'homme |
| la | | l' | l'école, l'église |
| de | | d' | le père d'un enfant |
| ce | | c' | C'est quoi, ça? |
| que | | qu' | Qu'est-ce que c'est? |
| me | | m' | Je m'ennuie. |
| te | | t' | Je t'aime. |
| se | | s' | Il s'est levé tard. |
| ne | | n' | Je n'aime pas le café. |
| je | | j' | J'ai un livre. |
| si | | s' | s'il vous plaît |

## 5. 주어 인칭대명사와 être/avoir 동사

| 인칭대명사 | être | avoir |
|---|---|---|
| je (j') | **suis** | **ai** |
| tu | **es** | **as** |
| il/elle | **est** | **a** |
| nous | **sommes** | **avons** |
| vous | **êtes** | **avez** |
| ils/elles | **sont** | **ont** |

# LE FRANÇAIS
## élémentaire

# 1부

Leçon 1 Dans la rue Lecourbe

Leçon 2 Dans un train

Leçon 3 Projet de week-end

Leçon 4 Devant le cinéma

Leçon 5 Au restaurant

Leçon 6 On fait du shopping

Leçon 7 Vacances de Noël

Leçon 8 Paris ou banlieue ?

Leçon 9 Deux petites nouvelles de Paris

Leçon 10 L'avenir, rose ou noir ?

# Leçon 1 Dans la rue Lecourbe

*Paris. Rue Lecourbe. Marie rencontre un ami.*

Marie: Paul !

Paul: Bonjour, Marie ! Ça va ?

Marie: Ça va bien, merci. Et toi ?

Paul: Ça va. Tu habites par ici ?

Marie: Oui. J'habite dans le quartier, là-bas dans un appartement.

Paul: Ah bon ! J'aime bien le quartier. Mais, tu es seule à Paris ?

Marie: Non, j'habite avec une amie. Elle est étudiante à l'université. Et toi ?

Paul: J'habite avec Jacques.

Marie: Jacques ? Qui est-ce ?

Paul: C'est un ami. Ah, il arrive. Voilà Jacques. Jacques, c'est Marie. Elle travaille à la poste.

Jacques: Enchanté. Je travaille dans un café. C'est le café « Pasteur ».

Marie: Enchantée!

# Grammaire et Expressions

## 1. 명사의 성 · 수 및 부정관사와 정관사

| 남성형 단수 | 여성형 단수 | 복수형 |
| --- | --- | --- |
| un | une | des |
| le / l' | la / l' | les |

un homme / une femme

un étudiant / une étudiante

des étudiants / des étudiantes

le train / la voiture

le Quartier Latin / la Maison de l'Italie

l'arbre / l'école

les arbres / les écoles

**[연습문제 1]** 다음 빈칸에 알맞은 부정관사를 넣으시오.

1) ______ café　　2) ______ adresse　　3) ______ supermarché

4) ______ amis　　5) ______ université　　6) ______ étudiantes

7) ______ stylo　　8) ______ appartement　　9) ______ usine

**[연습문제 2]** 다음 빈칸에 알맞은 정관사를 넣으시오.

1) ______ ciel　　2) ______ maison　　3) ______ amies

4) ______ addition　　5) ______ étudiants　　6) ______ nom

7) ______ université　　8) ______ poste　　9) ______ stylos

10) ______ albums　　11) ______ soleil　　12) ______ lune

## 2. 동사의 활용

### 1) être 용법

Françoise est à Paris.

Il est acteur.

C'est vrai.

Mme Dubois est la mère de Paul.

Elles sont artistes.

C'est bon.

C'est le cahier de Marie.

### 2) 1군동사의 현재 변화형

| | aimer | habiter | travailler |
|---|---|---|---|
| je(j') | aime | habite | travaille |
| tu | aimes | habites | travailles |
| il/elle | aime | habite | travaille |
| nous | aimons | habitons | travaillons |
| vous | aimez | habitez | travaillez |
| ils/elles | aiment | habitent | travaillent |

[연습문제 3] 괄호 속의 동사를 변화시켜 빈칸을 채우고 해석해 보시오.

1) J' __________ le thé. (aimer)

2) Elle __________ les chiens. (aimer)

3) Vous __________ dans un supermarché ? (travailler)

4) Il __________ à Paris. (habiter)

5) Tu __________ rue de Montparnasse ? (habiter)

6) Elles __________ toujours là-bas. (travailler)

## 3. 소개문(1)

### 1) voilà / voici + 명사

Voilà un ami.

Voilà l'addition.

Voici un supermarché.

Voici Colette.

### 2) C'est + 명사(구)

C'est un restaurant.

C'est la sœur de Guillaume.

C'est Martine.

Ce sont les albums de Patrick Bruel.

**[연습문제 4]** 다음 보기와 같이 고치시오.

보기) Colette, sœur de Guillaume
→ Voici(Voilà) Colette. C'est la sœur de Guillaume.

1) voiture, voiture de Nathalie.

→

2) bonnets, bonnets de Philippe.

→

3) Philippe, père de Sophie

→

4) place, place de la Sorbonne

→

5) Monsieur et Madame Kim, parents de Minsu

→

## 4. 의문문(1)

### 1) 평서문... ? – Oui / Non

Tu es étudiant(e) ? – Oui, je suis étudiant(e).
Non, je suis professeur.

Pierre est toujours à Tokyo ? – Oui, il est toujours là-bas.
Non, il est à Séoul.

**[연습문제 5]** 다음 질문에 Oui / Non으로 답하시오.

1) C'est un stylo ? →
2) C'est Michel ? →
3) Sophie habite rue Lepic ? →
4) Tu aimes le café ? →

### 2) Qui est-ce ?

Qui est-ce ? – C'est Clara.

Qui est-ce ? – C'est le mari de Sarah.

Qui est-ce ? – Ce sont les parents de Jacques.

**[연습문제 6]** 보기와 같이 묻고 답하시오.

보기) Patrick Bruel, chanteur de *Casser la voix*.
→ Patrick Bruel, qui est-ce ? – C'est le chanteur de *Casser la voix*.

1) Olivier, ami de Virginie
→

2) Sarah, mère de Thomas
→

### 3) Qu'est-ce que c'est ?

Qu'est-ce que c'est ? – C'est une chaise.

Qu'est-ce que c'est ? – C'est le tableau de Vincent van Gogh.

Qu'est-ce que c'est ? – Ce sont les cloches de l'église Saint-Martin.

**[연습문제 7]** 주어진 단어들을 이용하여 보기와 같이 묻고 답하시오.

보기) Qu'est-ce que c'est ? → C'est une radio.

télévision / stylo / voiture / maison / Tour Eiffel /
place de la Sorbonne / pyramides d'Égypte

## 5. 인사 표현(1)

Bonjour, monsieur !

Bonjour, madame !

Bonsoir, mademoiselle !

Ça va ? - Ça va. / Ça va pas mal.

Ça va bien ? – Bien, merci. / Oui, ça va. Et vous ?

Comment ça va ? – Ça va bien, merci. Et toi ?

Enchanté(e) !

**[연습문제 8]** 다음 대화를 완성하시오.

M. Kim : ____________, Sophie !

Sophie : Bonjour, ___________!

M. Kim : _____________?

Sophie : ______________, merci. Et __________?

M. Kim : ____________.

## Activités 1

### 1. 프랑스어로 옮기시오.

1) 프랑수아즈는 혼자 파리에 있다. (Françoise)

→

2) 그녀는 바나나를 싫어한다. (détester, les bananes)

→

3) 이것은 무엇입니까 ? - 이것은 라디오입니다.

→

4) 나는 대학생입니다.

→

## Activités 2

### 1. Vrai ou Faux ? Lisez le texte et choisissez la bonne réponse.

1) Marie rencontre Paul par hasard. (V / F / ?)

2) Paul habite rue Lecourbe. (V / F / ?)

3) Une amie de Marie travaille dans un café. (V / F / ?)

4) Jacques est une amie de Paul. (V / F / ?)

### 2. Jeu de rôle

1) Présentez-vous l'un à l'autre.

2) Sophie rencontre Théo rue de Bercy à Paris. Mettez-vous par deux et faites le dialogue.

Sophie – habite rue de Bercy – médecin - mariée avec un enfant

Théo – habite rue de Tolbiac – salarié - célibataire

# Leçon 2 / Dans un train

*Sofia prend le train "Tours-Paris" pour passer les vacances de Pâques à Paris.*

Ali: Excusez-moi, mademoiselle. Est-ce que vous habitez à Paris ?

Sofia: Non, j'habite à Tours. Je vais à Paris pour les vacances. Et vous ?

Ali: Moi, j'habite à Paris. Et, vous êtes italienne ?

Sofia: Non, je ne suis pas italienne, je suis espagnole. Je suis à Tours pour un stage linguistique, mais à Madrid, je suis journaliste. Et vous, vous êtes français ?

Ali: Non, je suis algérien.

Sofia: Mais vous parlez bien français.

Ali: Merci beaucoup. Vous aussi.

Sofia: Qu'est-ce que vous faites dans la vie ?

Ali: Je suis musicien de raï.

Sofia: Le raï ? Qu'est-ce que c'est ?

Ali: C'est un style de musique algérienne. Je travaille dans un club à Paris. Je fais des concerts.

Sofia: Moi, je m'appelle Sofia. Comment vous appelez-vous ?

Ali: Je m'appelle Ali. On prend un petit café ? Il y a un wagon-restaurant.

Sofia: Oui, avec plaisir.

# Grammaire et Expressions

## 1. 동사의 활용

### 1) aller / prendre / faire 동사의 현재 변화형

| | aller | prendre | faire |
|---|---|---|---|
| je(j') | vais | prends | fais |
| tu | vas | prends | fais |
| il/elle | va | prend | fait |
| nous | allons | prenons | faisons |
| vous | allez | prenez | faites |
| ils/elles | vont | prennent | font |

**[연습문제 1]** 괄호 속의 동사를 변화시켜 빈칸을 채우고 해석해 보시오.

1) Je __________ à Rome. (aller)

2) Ils __________ à la Cinémathèque française. (aller)

3) Il __________ le taxi. (prendre)

4) Vous __________ le petit-déjeuner ? (prendre)

5) Qu'est-ce que vous __________ ?

– Nous __________ les courses.

Je __________ une promenade. (faire)

### 2) 1군변칙동사의 현재 변화형(1): appeler

| | appeler | s'appeler |
|---|---|---|
| je(j') | appelle | m'appelle |
| tu | appelles | t'appelles |
| il/elle | appelle | s'appelle |
| nous | appelons | nous appelons |
| vous | appelez | vous appelez |
| ils/elles | appellent | s'appellent |

[연습문제 2] 괄호 속의 동사를 변화시켜 빈칸을 채우고 해석해 보시오.

1) Tu ________ un médecin ? – Non, je vais __________ un taxi. (appeler)

2) Vous ___________ ça comment en coréen ? (appeler)

3) Tu ____________ comment ? (s'appeler)

4) Comment ____________ -vous ? – Je ____________ Nicolas. (s'appeler)

## 2. 소개문(2): il y a + 부정관사 + 명사

Il y a un livre sur la table.

Il y a une voiture dans le garage.

Il y a des fleurs dans le jardin.

## 3. 부정문

Je **ne** suis **pas** étudiante.

Ce **n**'est **pas** un hasard.

Nous **n**'aimons **pas** les chats.

Vous **n**'allez **pas** à la soirée ?

Elle **ne** prend **pas** le métro.

[연습문제 3] 다음 질문에 보기와 같이 답하시오.

보기) Elle est étudiante ? (salariée) → Non, elle n'est pas étudiante. Elle est salariée.

1) Vous êtes électricien ? (musicien) →

2) Tu aimes la boxe ? (football) →

3) Vous habitez à Pékin ? (Jilin) →

4) Vous prenez le taxi ? (bus) →

5) Elles vont à Busan ? (Jeju) →

## 4. 의문문(2)

### 1) Est-ce que... ?

Est-ce que c'est un travail important ?

Est-ce qu'il y a des places libres ?

### 2) Qu'est-ce que... ?

Qu'est-ce que vous faites ? – Je suis ingénieur. (professeur, médecin, journaliste, salarié ...)

Qu'est-ce qu'il y a sous le lit ? – Il y a des boîtes sous le lit.

**[연습문제 4]** 다음 대답에 어울리는 질문을 만드시오.

1) ______________________________ ? – Non, je n'aime pas le jazz.
2) ______________________________ ? – Je suis musicien.
3) ______________________________ ? – C'est un cadeau.
4) ______________________________ ? – Il y a une voiture dans le garage.

**[연습문제 5]** 다음 질문에 답하시오.

1) Qu'est-ce qu'il y a dans la chambre ? (table, chaise, lit, armoire, ordinateur ...)

2) Qu'est-ce qu'il y a dans le sac ? (livre, cahier, trousse, téléphone portable, baladeur MP3 ...)

[연습문제 6] 다음 질문에 답하시오.

1) Est-ce que tu prends le bus pour aller à l'université ?

2) Dans la salle de classe, est-ce qu'il y a des chaises ?

3) Qu'est-ce que tu fais ?

## 5. 강세형 인칭대명사

| je | tu | il | elle | nous | vous | ils | elles |
|---|---|---|---|---|---|---|---|
| moi | toi | lui | elle | nous | vous | eux | elles |

Moi, je m'appelle Guillaume. Et lui, il s'appelle comment ?

Je vais bien. Et vous ?

Qui est-ce ? – C'est moi.

C'est à elle.

C'est pour vous.

Il habite chez eux.

Vous travaillez avec elles ?

[연습문제 7] 빈칸에 적당한 인칭대명사를 넣으시오.

1) ___________ , elle s'appelle Catherine.

2) Et ___________ , tu vas bien ?

3) C'est à vous ? – Oui, c'est à ___________.

4) Ce sont les poupées de Marie. Elle joue toujours avec ___________.

## 6. 국명 및 국적 표현

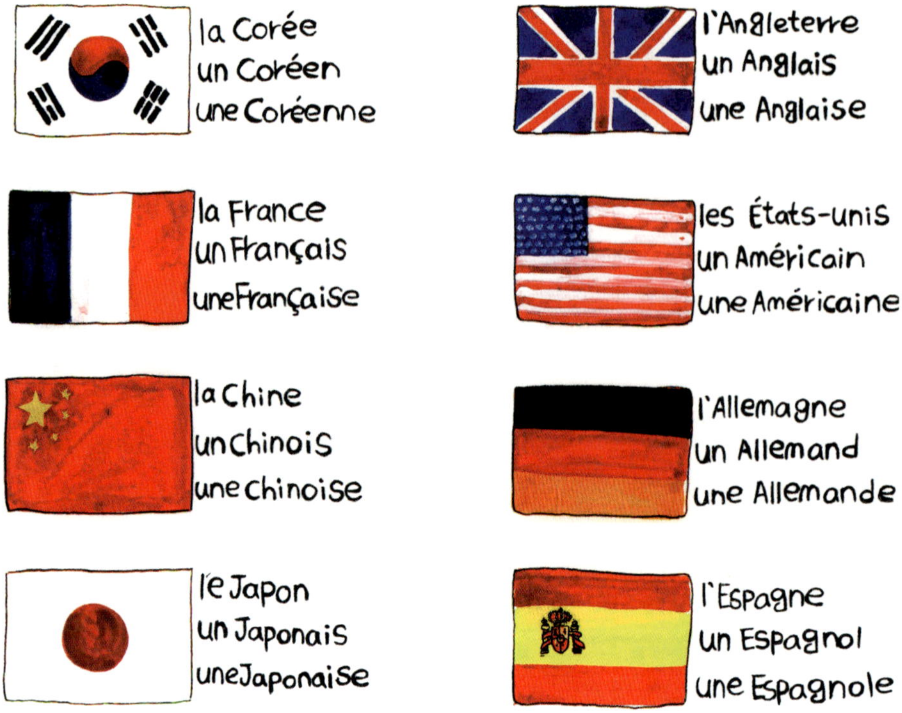


Nous sommes coréen(ne)s.
Vous êtes chinois(e)(s) ?

Ils parlent français ? – Oui, ils parlent bien français.
J'apprends le français.

## 7. 여러 가지 표현

### 1) 부정대명사(1): on

On parle français à Montréal.

On prend le métro ?

On frappe à la porte.

### 2) 양해 및 용서를 구하는 표현

- Allô ! Monsieur Bernard ?
- Non, il y a erreur, je crois.
- Oh, **excusez-moi**, monsieur.

### 3) 상대방의 의견에 동의하는 표현

On dîne ensemble ? – **D'accord.**

Je **suis d'accord avec** lui.

Vous déjeunez avec moi ? – **Bien sûr !** / **Avec plaisir !** / **Pourquoi pas !**

## Activités 1

1. 프랑스어로 옮기시오.

1) 커피나 한잔 할까? – 좋지!

→

2) 여기서 뭐하세요? – 산책합니다.

→

3) 그의 직업은 무엇입니까? – 재즈 음악가입니다. (le jazz)

→

4) 일본인이세요? – 아니요, 저는 한국인입니다.

→

## Activités 2

1. Lisez le texte et remplissez les espaces vides.

La femme, elle ____________ Sofia. Elle est ____________, mais elle parle bien ____________. Elle habite à ____________ pour ____________, mais elle est ____________ à Madrid. Elle va à Paris ____________.

L'homme, il ____________ Ali. Il n'est pas ____________, mais ____________. Il habite ____________. Il est ____________ et travaille ____________.

## 2. Devinez qui c'est ?

1) Victor Hugo / parisien / écrivain romantique

→

2) Céline Dion / québécoise / chanteuse francophone

→

3) Zinédine Zidane / français / footballeur et entraîneur

→

# Leçon 3 Projet de week-end

*Paris. Jean et Michelle parlent d'un projet de week-end.*

Jean: Qu'est-ce qu'on fait samedi et dimanche ? On peut aller chez Roland à la campagne.

Michelle: Roland ? Qui est-ce ?

Jean: C'est un ami d'enfance. Il a une grande maison confortable.

Michelle: La campagne, c'est génial, mais je suis fatiguée. Je veux rester à Paris.

Jean: Alors, que veux-tu ? On peut aller au cinéma ? Il y a deux films des frères Coen.

Michelle: Oui, je sais, mais je n'aime pas les frères Coen, ce n'est pas intéressant.

Jean: Ben... tu ne veux pas aller au concert ?

Michelle: Si, si ! Je veux bien. Il y a des concerts gratuits à Notre-Dame de vendredi à dimanche. Puis on peut aller au restaurant. Il y a un restaurant italien très connu, dans le quartier. Il s'appelle « La Scala ».

Jean: J'aime bien la musique classique et la cuisine italienne.

Michelle: Ah, moi aussi.

Jean: Enfin, tu es d'accord avec moi ! Merci !

Michelle: Je suis difficile, tu sais !

# Grammaire et Expressions

## 1. 동사의 활용: vouloir / pouvoir / savoir 동사의 현재 변화형

| | vouloir | pouvoir | savoir |
|---|---|---|---|
| je | veux | peux | sais |
| tu | veux | peux | sais |
| il/elle | veut | peut | sait |
| nous | voulons | pouvons | savons |
| vous | voulez | pouvez | savez |
| ils/elles | veulent | peuvent | savent |

[연습문제 1] 괄호 속의 동사를 변화시켜 빈칸을 채우고 해석해 보시오.

1) Je ________________ un jus d'orange. (vouloir)

2) Elle ________________ être médecin. (vouloir)

3) Ils ne ________________ pas aller au cinéma. (vouloir)

4) Vous ________________ parler français ? (pouvoir)

5) Est-ce que tu ________________ dîner avec moi ? (pouvoir)

6) Nous ne ________________ pas aller chez toi aujourd'hui. (pouvoir)

7) Je ne ________________ pas. (savoir)

8) Nous ne ________________ pas encore nager. (savoir)

9) Elle ________________ parler quatre langues. (savoir)

## 2. 의문문(3): 주어의 도치

Que sais-je ?

Où allez-vous ?

Comment vas-tu ?

Que font-ils ?

Où habite-t-elle ?

Que cherche-t-il ?

[연습문제 2] 다음 대답에 어울리는 질문을 만드시오.

1) ______________________ ? – Je m'appelle Pierre.

2) ______________________ ? – Elle veut devenir interprète.

3) ____________________________ ? – Ils habitent à Rouen.

4) ____________________________ ? – Je travaille dans un restaurant.

5) ____________________________ ? – Il va très bien.

## 3. 형용사의 형태와 위치

### 1) 형용사의 변화

| 남성 단수형 | 여성 단수형 | 남성 복수형 | 여성 복수형 |
|---|---|---|---|
| grand | grande | grands | grandes |
| noir | noire | noirs | noires |
| jeune | jeune | jeunes | jeunes |

### 2) 형용사의 위치

Il parle à une jeune femme blonde.

Il y a un grand autobus vert devant le parc.

Jérôme est un petit garçon blond et sage.

cf.) notre grand Molière / un homme grand

un pauvre enfant / une famille pauvre

[연습문제 3] 주어진 단어들을 순서대로 배열하여 하나의 완성된 문장을 만드시오. 단, 형용사의 경우 성수를 일치시키시오.

1) cuisine / Il / la / japonais / aime

→

2) Ce / deux / étudiants / français / jeune / sont

→

3) noir / Elle / robe / petit / une / veut

→

4) camion / Ils / joli / vert / ont / un

→

## 4. 전치사와 정관사의 축약

### 1) à+le → au / à+les → aux

M. Fontaine est au bureau aujourd'hui ?

Elles sont aux États-Unis.

cf.) Je vais à la librairie. / Je vais à l'aéroport.

### 2) de+le → du / de+les → des

Elle travaille dans un café du Quartier Latin.

J'aime les personnages des histoires de Tintin.

cf.) Elle est l'aînée de la famille.

C'est la *Déclaration des droits de l'homme*.

**[연습문제 4]** 빈칸에 알맞은 전치사와 정관사 또는 둘의 축약 형태를 넣으시오.

1) Elle ne peut pas aller ________ théâtre, parce qu'elle est ________ hôpital.

2) Je travaille ____________ Pays-Bas.

3) À côté de la place de la Concorde, il y a le jardin ____________ Tuileries.

4) Séoul est la capitale ____________ Corée ____________ Sud.

## 5. 수한정사(1): 1-20

| 1 | un homme / une femme | 6 | six | 11 | onze | 16 | seize |
|---|---|---|---|---|---|---|---|
| 2 | deux | 7 | sept | 12 | douze | 17 | dix–sept |
| 3 | trois | 8 | huit | 13 | treize | 18 | dix–huit |
| 4 | quatre | 9 | neuf | 14 | quatorze | 19 | dix–neuf |
| 5 | cinq | 10 | dix | 15 | quinze | 20 | vingt |

## 6. 요일명사 구문

### 1) 요일

lundi mardi mercredi jeudi vendredi / samedi dimanche

### 2) 요일 관련 표현

Quel jour est-ce aujourd'hui ? – Aujourd'hui, c'est mercredi.

Quel jour sommes-nous ? – Nous sommes mercredi.

Lundi est le premier jour de la semaine.

Je retourne chez moi mardi.

Jeudi prochain, je ne vais pas au travail.

C'est vendredi matin.

Nous arrivons de Paris samedi soir.

Le dimanche, on va à l'église.

À lundi !

## 7. 질문에 대한 대답: si

Vous êtes allemand ? – Oui, je suis allemand.

Non, je ne suis pas allemand.

Vous n'êtes pas allemand ? – Si, je suis allemand.
Non, je ne suis pas allemand.

Mais oui ! / Mais non ! / Mais si !

**[연습문제 5]** 다음 질문에 긍정과 부정의 표현, 모두를 사용하여 답하시오.

1) Est-ce que tu n'aimes pas le café ? →

2) Vous êtes chinois ? →

3) Elle ne prend pas le petit-déjeuner ? →

4) Ils ne veulent pas aller au cinéma avec nous ? →

## 8. 여러 가지 표현

### 1) 인사 표현(2)

Bonne journée !

Bon après-midi !

Bonne soirée !

Bonne nuit !

Bon week-end !

Bonne chance !

Bon courage !

Bonnes vacances !

Bon voyage !

Bon appétit !

Bonne année !

Joyeux Noël !

Joyeuses Pâques !

Joyeux anniversaire !

À tout de suite !

À tout à l'heure !

À bientôt !

Au revoir !

# Activités 1

## 1. 프랑스어로 옮기시오.

1) 수요일 저녁에 그가 파리에서 도착할 거야.

→

2) 집 앞에 작은 노란색 화물차가 있다. (devant)

→

3) 그들은 어떤 휴가 계획에 대해 이야기한다.

→

4) 그녀는 월요일에서 금요일까지 일해.

→

# Activités 2

## 1. Lisez le texte et répondez aux questions.

1) Qui est Roland ?

2) Qu'est-ce que Michelle veut faire à la fin ?

3) Est-ce que Jean est patient ?

4) Qu'est-ce que vous pensez de Michelle ?

## 2. Décrivez les personnages avec les mots.

1) Barbe Bleue : grand / laid / fort / froid
mais ne pas méchant avec sa femme

2) Sa femme : jeune fille / joli / brun /
plein de curiosité

**Leçon 4** Devant le cinéma

*Paris. Devant le cinéma.*

*Jennifer a rendez-vous avec Henri. Mais il vient en retard.*

Jennifer: Ah, enfin, tu es là ! Pourquoi tu es en retard au rendez-vous ?

Henri: À cause des embouteillages. Quelle heure est-il ?

Jennifer: Il est six heures moins vingt. Tu es en retard de vingt minutes. Il est déjà trop tard pour la séance de dix-sept heures trente !

Henri: Zut ! Comment faire ? On voit la prochaine séance ? Elle est à dix-neuf heures cinquante.

Jennifer: Je n'ai pas le temps pour ça.

Henri: Pourquoi ? Tu as un autre rendez-vous ?

Jennifer: Oui, je vois mes parents à huit heures.

Henri: Alors, on voit un autre film ? On passe des films intéressants.

Jennifer: Non, je n'ai pas envie de rester avec toi. Je veux partir.

Henri: Bah, pourquoi ? Qu'est-ce que tu as ?

Jennifer: Je suis très fâchée. En plus, j'ai faim et j'ai froid.

Henri: Je suis vraiment désolé, mais ce n'est pas ma faute, tu sais...

Jennifer: C'est toujours la même histoire !

# Grammaire et Expressions

## 1. 소유한정사

| 남성 단수형 | 여성 단수형 | | 복수형 |
|---|---|---|---|
| **mon** livre | **ma** voiture | **mon** amie | **mes** livres |
| **ton** livre | **ta** voiture | **ton** amie | **tes** voitures |
| **son** livre | **sa** voiture | **son** amie | **ses** ami(e)s |
| **notre** livre | **notre** voiture | **notre** amie | **nos** livres |
| **votre** livre | **votre** voiture | **votre** amie | **vos** voitures |
| **leur** livre | **leur** voiture | **leur** amie | **leurs** ami(e)s |

**[연습문제 1]** 주어진 문장을 보기와 같이 바꾸시오.

보기) C'est la maison de Paul ? – Oui, c'est sa maison.

1) C'est la montre de Clara ? –

2) Ce sont vos disques ? –

3) C'est ton dictionnaire ? –

4) Ce sont les chaussures de M. Martin ? –

5) Ce sont les enfants de vos collègues ? –

## 2. 동사의 활용: venir / partir / voir 동사의 현재 변화형

| | venir | partir | voir |
|---|---|---|---|
| je | viens | pars | vois |
| tu | viens | pars | vois |
| il/elle | vient | part | voit |
| nous | venons | partons | voyons |
| vous | venez | partez | voyez |
| ils/elles | viennent | partent | voient |

**[연습문제 2]** 괄호 속의 동사를 변화시켜 빈칸을 채우고 해석해 보시오.

1) Elle ______________ à Paris. (venir)

2) Vous ______________ du bureau ? (venir)

3) Je ______________ en France. (partir)

4) Il ______________ de Séoul. (partir)

5) Qu'est-ce que tu ______________ ? (voir)

6) Je ______________ Paul demain. (voir)

## 3. 의문문(4): 의문사 quel

| | 남성형 | 여성형 |
|---|---|---|
| 단수형 | Tu aimes quel livre ? | Tu aimes quelle fleur ? |
| 복수형 | Tu aimes quels livres ? | Tu aimes quelles fleurs ? |

**[연습문제 3]** 다음 빈칸에 알맞은 의문사를 넣으시오.

1) ___________ âge avez-vous ?

2) ___________ fleur aime-t-elle ?

3) ___________ villes voulez-vous visiter ?

4) ___________ est votre nom ?

5) ___________ est son adresse ?

6) ___________ sont vos points faibles ?

## 4. 수한정사(2): 21-69

| | | | |
|---|---|---|---|
| 21 | vingt et un / vingt et une | 50 | cinquante |
| 22 | vingt-deux | 51 | cinquante et un / cinquante et une |
| 30 | trente | 52 | cinquante-deux |
| 31 | trente et un / trente et une | 60 | soixante |
| 32 | trente-deux | 61 | soixante et un / soixante et une |
| 40 | quarante | 62 | soixante-deux |
| 41 | quarante et un /quarante et une | 69 | soixante-neuf |
| 42 | quarante-deux | | |

## 5. 시각 표현

Quelle heure est-il ? – Il est une heure.

Il est trois heures cinq.

Il est six heures et quart.

Il est sept heures et demie.

Il est huit heures moins dix.

Il est onze heures moins le quart.

Il est deux heures du matin.

Il est cinq heures de l'après-midi.

Il est midi. / Il est minuit.

Il est midi et demi.

Vous avez l'heure ? – Oui, il est dix heures. / J'ai dix heures à ma montre.

La prochaine séance est à quelle heure ? – À onze heures.

**[연습문제 4]** 여러 가지 표현을 사용하여 다음 질문에 답하시오.

Quelle heure est-il ?

## 6. avoir 동사의 구문

### 1) avoir + 무한정명사

J'ai faim.

On a froid.

Tu as sommeil ?

Elles ont soif.

Nous avons chaud.

### 2) 보문명사 구문

J'**ai besoin de** votre soutien.

Il **a envie d**'un manteau.

Elle **a envie de** voyager.

Nous n'**avons** pas **le temps de** voir Paul.

Dans mon pays, on a **l'habitude de** dîner très tard.

## 7. 여러 가지 표현

### 1) déjà / encore

Elle est déjà dans son bureau.

Il est déjà midi.

Tu es encore chez toi ?

Vous êtes prêts pour les examens ? – Pas encore.

### 2) 이유 표현

Pourquoi ? – **Parce que** je suis fatigué aujourd'hui.

Je suis un peu en retard **à cause des** embouteillages.

Je suis très contente. **C'est parce que** tu es là.

### 3) 사과 표현

Je suis désolé(e) – Ce n'est pas grave. / Ça ne fait rien.

## Activités 1

1. 프랑스어로 옮기시오.

1) 몇 시에 점심 드시죠?

→

2) 폴은 오늘 못 온대. 왜냐하면 아프거든. (malade)

→

3) 나이가 어떻게 되세요? – 예순한 살입니다.

→

4) 그녀는 그와 함께 영화를 볼 마음이 없다.

→

## Activités 2

1. Lisez le texte et répondez aux questions.

1) Qui est en retard ?

2) Henri arrive à quelle heure ?

3) Quand est-ce que Jennifer voit ses parents ?

4) Pourquoi est-ce que Jennifer ne veut pas rester avec Henri ?

2. Décrivez votre emploi du temps.

| | |
|---|---|
| 9h - 10h 45 | : cours de français |
| 12h | : déjeuner avec Virginie |
| 14h - 15h 15 | : cours de conversation française |
| 15h 30 - 18h 30 | : bibliothèque |
| 19h 15 | : rendez-vous avec Théo devant le cinéma |

# Leçon 5 / Au restaurant

*Devant l'église Saint-Germain-des-Prés.*

Guillaume: Où allons-nous pour le déjeuner ?

Annie: Il est déjà deux heures et demie. C'est un peu tard. Il n'y a pas beaucoup de choix en ce moment.

Guillaume: C'est vrai, mais attention, je ne veux pas aller au « Quick », pour cette fois.

Annie: Moi non plus. Euh... On va chez « Léon de Bruxelles » ? C'est un restaurant de moules-frites, mais on peut aussi manger de la viande et du poisson là-bas.

Guillaume: D'accord.

*Chez «Léon», sur le boulevard Saint-Germain. Ils sont en train de regarder la carte.*

Serveur: Messieurs dames ! Qu'est-ce que vous désirez ?

Guillaume: Alors, je voudrais prendre des moules... des moules traditionnelles.

Serveur: Avec des frites ?

Guillaume: Oui, avec des frites, s'il vous plaît.

Serveur: Vous désirez aussi une salade ?

Guillaume: Non, merci.

Serveur: Très bien. Et vous, madame ?

Annie: Je voudrais manger de la viande. Qu'est-ce que vous avez ?

| | |
|---|---|
| Serveur: | Du bifteck ou du poulet ? |
| Annie: | Je voudrais prendre du bifteck... avec une salade. |
| Serveur: | Quelle cuisson ? |
| Annie: | À point, s'il vous plaît. |
| Serveur: | Très bien. Comme boisson, qu'est-ce que vous voulez ? |
| Guillaume: | Tu préfères quoi, Annie ? De la bière ou du vin ? |
| Annie: | De la bière. |
| Guillaume: | Alors, deux bières, s'il vous plaît. |
| Serveur: | Parfait ! Et pour commencer, vous ne voulez pas prendre un apéritif ? |
| Guillaume: | Non, merci. |
| Serveur: | Très bien, monsieur ! |

# Grammaire et Expressions

## 1. 지시한정사

| 남성 단수형 | 여성 단수형 | 복수형 |
|---|---|---|
| ce / cet | cette | ces |

ce jardin　　cette femme　　cet homme

ces livres　　ces photos　　ces enfants

ce matin　　ce soir　　cet après-midi　　cette semaine

[연습문제 1] 빈칸에 알맞은 지시한정사를 넣으시오.

1) J'aime bien ___________ pantalons noirs.

2) Qu'est-ce que tu fais ___________ après-midi ?

3) Comment s'appelle ___________ enfant ?

4) Tu veux parler à ___________ fille ?

5) ___________ eau de toilette est un cadeau de mon mari.

## 2. 부분관사

| 남성 단수형 | 여성 단수형 |
|---|---|
| du / de l' | de la / de l' |

Je mange du fromage avec du vin.

Il prend de la soupe.

Vous voulez de l'alcool ? – Non, je veux juste de l'eau.

Nous avons de la chance.

J'ai de la fièvre.

[연습문제 2] 빈칸에 적절한 형태의 부분관사를 넣으시오.

1) Il y a _______________ soleil presque toute la journée.
2) Je vais chercher _______________ argent à la banque.
3) Elle a _______________ patience.
4) Veux-tu encore _______________ gâteau au chocolat ?

## 3. 1군변칙동사(2): préférer / manger / commencer / acheter

| | préférer | manger | commencer | acheter |
|---|---|---|---|---|
| je | préfère | mange | commence | achète |
| tu | préfères | manges | commences | achètes |
| il/elle | préfère | mange | commence | achète |
| nous | préférons | mangeons | commençons | achetons |
| vous | préférez | mangez | commencez | achetez |
| ils/elles | préfèrent | mangent | commencent | achètent |

[연습문제 3] 괄호 속의 동사를 변화시켜 빈칸을 채우고 해석해 보시오.

1) Je _________________ cette robe. (préférer)
2) Elles _________________ la ville à la campagne. (préférer)
3) Nous _________________ du pain. (manger)
4) Il _________________ beaucoup. (manger)
5) Je _________________ un travail. (commencer)
6) On _________________ à quelle heure ? (commencer)
7) Nous _________________ à regarder la télévision. (commencer)
8) J' _________________ des cadeaux. (acheter)
9) Nous _________________ deux billets. (acheter)

## 4. 의문문(5): 의문사 quoi

À quoi pensez-vous ?

C'est quoi, ça ?

De quoi est-ce que tu as peur ?

Vous voulez quoi ?

## 5. 형용사의 불규칙한 성수변화(1)

| 남성 단수형 | 여성 단수형 | 남성 복수형 | 여성 복수형 |
|---|---|---|---|
| bon | bonne | bons | bonnes |
| coréen | coréenne | coréens | coréennes |
| gros | grosse | gros | grosses |
| gentil | gentille | gentils | gentilles |

**[연습문제 4]** 괄호 안의 형용사를 적절한 형태로 바꾸어 빈칸을 채우시오.

1) une ________________ peur (gros)

2) des librairies ________________ (ancien)

3) une ville ________________ (industriel)

4) une ________________ boulangerie (bon)

5) mes sœurs ________________ (cadet)

## 6. 정도 및 수량 표현

Tu aimes le café ? – Pas **beaucoup**.

Merci **beaucoup**.

Tu ne manges pas **assez**.

Il exagère **un peu**.

Nous mangeons **peu** le soir.

Je veux **un kilo de** pommes.

Elle achète **un paquet de** sucre.

**Un verre d**'eau, s'il vous plaît.

On peut acheter **beaucoup de** produits sur Internet.

Il a **beaucoup d**'appétit.

Nous n'avons pas **assez de** lait.

Je prends **un peu de** lait.

Nous avons **peu d**'argent.

[연습문제 5] 필요한 경우 빈칸에 알맞은 관사를 넣으시오.

Henri: On prend ______ pizzas pour le déjeuner. Qu'est-ce que tu veux ?

Violette: Moi, une Quatre-saisons.

Henri: Je prends une Margherita, avec un peu de / d' ______ huile et beaucoup de ______ piment.

Violette: On peut commander ______ coca ou ______ bière ?

Henri: Bien sûr.

## 7. 여러 가지 표현

### 1) non plus

J'aime les chansons françaises. – Moi aussi.

Je ne fume pas. – Moi non plus.

### 2) comme(1)

Qu'est-ce que tu prends comme dessert ?

Comme bagage, elle a un sac à dos.

Il est très efficace comme secrétaire.

### 3) 공손한 표현

**S'il vous plaît**, madame. Où est la gare ?

Un carnet, **s'il vous plaît**.

Je **voudrais** trois croissants.

Je **voudrais** parler à monsieur Dubois.

## Activités 1

### 1. 프랑스어로 옮기시오.

1) 디저트로 무엇을 드시겠습니까? – 케이크 한 조각 주세요. (une part de)

→

2) 나는 집에서 점심을 먹는 중이야.

→

3) 무슨 생각을 하세요?

→

4) 이번에는 외출하고 싶지 않아. 너는? – 나도 마찬가지야. (sortir)

→

## Activités 2

### 1. Lisez le texte et répondez aux questions.

1) Pourquoi est-ce qu'il n'y a pas beaucoup de choix pour le déjeuner ?

2) Est-ce qu'on peut manger seulement des moules-frites chez Léon de Bruxelles ?

3) Rédigez un texte avec les mots suivants.

a. Guillaume / commander / moules / frites / déjeuner

b. Annie / préférer / bifteck / salade / bière

2. Mettez-vous par deux. A commande la cuisine et B prend sa commande.

**Menu A**

*Soupe de tomates fraîches*
ou
*Avocat aux crevettes*
*
*Daurade au four*
ou
*Escalope de veau aux champignons*
*
*Plateau de fromages*
ou
*Tarte au citron*
ou
*Sorbet maison*

**Menu B**

*Soupe à l'oignon*
ou
*Terrine du chef*
*
*Magret de canard aux pommes*
ou
*Entrecôte au poivre*
*
*Brie*
ou
*Crème brûlée*
ou
*Tarte Tatin*

# Leçon 6 On fait du shopping

Mélanie: Maman, on va faire du shopping cet après-midi ? J'ai besoin d'un manteau pour aller avec mon jean.

Mme Dupont: Tu as déjà beaucoup de vêtements, n'est-ce pas ?

Mélanie: Mais non ! Ils sont trop petits. Je n'ai rien à mettre. S'il te plaît, maman.

Mme Dupont: Ok, ok... Mais le samedi après-midi, il y a un monde fou dans les grands magasins. Où allons-nous ?

Mélanie: Alors, nous passons par la rue de Rennes ? On solde les articles dans toutes les boutiques.

Mme Dupont: C'est une bonne idée.

*Rue de Rennes. Elles entrent dans une boutique.*

Vendeuse: Bonjour, madame ! Je peux vous aider ?

Mme Dupont: Oui, s'il vous plaît. Je cherche un manteau pour ma fille.

Vendeuse: Bien sûr ! Je vous conseille deux couleurs, le noir et le gris.

Mme Dupont: Qu'est-ce que tu préfères, Mélanie ? Le manteau noir ou le gris ? À mon avis, les deux te vont bien.

Mélanie: Moi, je préfère le noir.

Mme Dupont: Madame, s'il vous plaît, le manteau noir coûte combien ?

Vendeuse: 67 euros. C'est le prix soldé. Essayez les deux.

Mélanie: Non, je vais essayer le noir seulement.

Vendeuse: Comme vous voulez, mademoiselle. Quelle taille faites-vous ?

Mélanie: Je fais du 36.

Vendeuse: Bon. Venez, les cabines d'essayage sont par ici.

# Grammaire et Expressions

## 1. 명령문

Entrez !
Ferme les fenêtres.
Viens à cinq heures.
Ouvre la porte !

Prenez ce médicament.
Parlons français !
Prends la voiture.
Va à l'école.

Ne monte pas !

Ne quittez pas, je vous passe sa secrétaire.

[연습문제 1] 괄호 안의 동사를 적절한 형태로 변화시켜 빈칸에 넣으시오.

1) ________________ tes affaires ! (ne pas abîmer)
2) ________________ notre chambre ! (ranger)
3) ________________ trop fort ! (ne pas parler)
4) ________________ tes excuses ! (présenter)
5) ________________ bien vos leçons ! (apprendre)

## 2. 동사의 활용

### 1) mettre 동사의 현재 변화형

| | mettre |
|---|---|
| je | mets |
| tu | mets |
| il/elle | met |
| nous | mettons |
| vous | mettez |
| ils/elles | mettent |

[연습문제 2] 괄호 속의 동사를 변화시켜 빈칸을 채우고 해석해 보시오.

1) Elle ____________ la main sur son épaule. (mettre)
2) Ils ____________ un gâteau au four. (mettre)
3) Il ____________ son manteau pour sortir. (mettre)

### 2) 1군변칙동사의 현재 변화형(3) : essayer / employer

| | essayer | employer |
|---|---|---|
| j' | essaie / essaye | emploie |
| tu | essaies / essayes | emploies |
| il/elle | essaie / essaye | emploie |
| nous | essayons | employons |
| vous | essayez | employez |
| ils/elles | essaient / essayent | emploient |

[연습문제 3] 괄호 속의 동사를 변화시켜 빈칸을 채우고 해석해 보시오.

1) ____________ cette robe ! (essayer)
2) Ce soir, on ____________ la cuisine coréenne ? (essayer)
3) On ____________ souvent cette expression. (employer)
4) Ils ____________ une femme de ménage. (employer)

## 3. 목적보어 인칭대명사

| | 직접목적보어 인칭대명사 | 간접목적보어 인칭대명사 |
|---|---|---|
| je | me / m' | me / m' |
| tu | te / t' | te / t' |
| il | le / l' | lui |
| elle | la / l' | |
| nous | nous | nous |
| vous | vous | vous |
| ils/elles | les | leur |

**[연습문제 4]** 괄호 안의 단어를 적절한 인칭보어대명사 형태로 바꾸어 빈칸에 넣으시오.

1) Il ____________ regarde. (je)

2) Elle ____________ invite ce soir. (nous)

3) Elle ____________ donne un cadeau. (je)

4) Je ____________ écoute. (vous)

5) Mes parents veulent ___________ acheter un ordinateur. (nous)

6) Tu ____________ téléphones souvent ? (tes parents)

7) Il ____________ appelle toujours «mon ange». (sa femme)

8) Je ne veux pas ____________ parler. (tu)

9) Vous ____________ voyez souvent ? (vos amis)

10) Je ____________ présente Françoise. (vous)

11) Il ____________ demande un conseil. (Marie)

**[연습문제 5]** 빈칸에 알맞은 인칭대명사를 넣으시오.

Annie: Mélanie, Thomas __________ cherche.

Mélanie: Thomas ? Qu'est-ce qu'il veut ?

Annie: Il veut _________ parler.

Mélanie: Tu sais, Annie, je ne veux pas _________ parler.
Je ne _________ aime plus.

Annie: Oui, je sais. Mais tu ne peux pas ______________ éviter pour toujours.

Mélanie: D'accord... Je vais parler en tête-à-tête avec _______ demain.

## 4. 한정사 tout

| 남성 단수형 | 여성 단수형 | 남성 복수형 | 여성 복수형 |
|---|---|---|---|
| tout | toute | tous | toutes |
| + 단수 한정사 + 단수 명사 | | + 복수 한정사 + 복수 명사 | |
| Tout le monde aime cette chanson.<br>Toute la famille est gentille.<br>Elle travaille toute la nuit. | | Tous les hommes sont frères.<br>Toutes les filles sont là.<br>Je lis *Le Monde* tous les jours. | |

## 5. 형용사의 부사화

| 형용사의 여성형 + ment | | | 형용사의 남성형 + ment |
|---|---|---|---|
| seul<br>↓<br>seul**e**<br>↓<br>seulement | certain<br>↓<br>certain**e**<br>↓<br>certainement | réel<br>↓<br>réel**le**<br>↓<br>réellement | vra**i** / passionn**é** / absol**u**<br>↓<br>-<br>↓<br>vraiment / passionnément / absolument |

L'amour n'est pas seulement un sentiment.

Certainement, vous ne m'écoutez pas.

Je suis vraiment désolé.

## 6. 근접 미래: aller + 부정법

Je vais partir tout de suite. Elle va donner une fête ce soir.

## 7. 부정의 표현

Je **n'**aime **pas** la musique.

On **ne** sait **jamais**.

Non, merci. Je **n'**ai **plus** faim.

cf.) Il **ne** parle **que** d'elle. / Ce **n'**est **plus qu'**un mauvais souvenir.

## 8. 여러 가지 표현

### 1) 부정대명사(2) : rien

Je ne sais rien.

Il n'y a rien à ajouter.

Est-ce qu'il y a quelque chose de nouveau ? – Non, il n'y a rien de nouveau.

### 2) 가격 표현

Ça coûte combien ? / Combien ça coûte ? – Ça coûte huit euros.

Ça fait combien ? – Ça fait huit euros. C'est combien, les oranges ?

### 3) 명사 + à + 부정법

J'ai une voiture à vendre.

On a beaucoup de choses à faire ce soir.

### 4) comme(2)

Comme vous voulez ! Il est rouge comme une tomate.

## Activités 1

1. 프랑스어로 옮기시오.

1) 물을 많이 드세요.

→

2) 모든 인간은 죽는다. (mortel)

→

3) 뭐 먹을 것 좀 있어? – 물밖에 없는데.

→

4) 절대 털어놓지 마세요. (avouer)

→

## Activités 2

1. Lisez le texte et répondez aux questions.

1) Pourquoi est-ce que Mélanie veut faire du shopping ?

2) Où vont Mélanie et sa maman, pour faire du shopping ? Et pourquoi dans ce quartier ?

3) Quel manteau est-ce que Mélanie préfère ?

2. Mettez-vous par deux. A veut acheter un jean et demande de l'aide à B.

**rôle A : le client / la cliente**

- Vous êtes dans un magasin de vêtements.
- Vous voulez acheter un jean.
- Vous donnez votre taille et vous précisez la couleur.
- Un jean vous plaît beaucoup et vous demandez le prix.
- Le jean est trop cher.

**rôle B : le vendeur / la vendeuse**

- Il vient à votre aide.
- Il a un modèle parfait pour vous.
- Il vous demande votre taille et la couleur du jean.
- Le jean vous va très bien.
- Il vous donne le prix.
- Il vous propose une veste en solde.

# Leçon 7 Vacances de Noël

*Régine travaille dans une agence de voyages. Elle vient d'examiner des brochures. Le téléphone sonne à ce moment.*

Régine: Agence « Partir-pas-cher ». Bonjour !

Mme Corson: Allô ? Bonjour ! Je vous appelle parce que je voudrais des renseignements pour les vacances de Noël.

Régine: Oui, madame. Vous voulez partir dans quelle région ?

Mme Corson: Je ne sais pas, mais je veux faire du ski cet hiver.

Régine: Très bien. Vous voulez passer vos vacances en France ou à l'étranger ?

Mme Corson: Mon mari et moi, on veut aller à l'étranger, parce qu'on voyage souvent en France.

Régine: Entendu. Alors quel est votre budget ?

Mme Corson: Nous avons un budget de 800 euros par personne.

Régine: Très bien, vous souhaitez voyager comment ? En avion, en train... ?

Mme Corson: En avion.

Régine: Euh... Je vous propose Innsbruck, c'est une ville magnifique en Autriche. Vous connaissez ? Vous pouvez profiter des sports d'hiver sur de merveilleuses pistes. C'est pourquoi de nombreux touristes viennent passer là leurs vacances d'hiver.

Mme Corson: Volontiers ! Je crois que c'est une très bonne idée.

Régine: Parfait. Attendez un instant.

Mme Corson: Merci beaucoup.

# Grammaire et Expressions

## 1. 동사의 활용: connaître / croire / attendre의 현재 변화형

| | connaître | croire | attendre |
|---|---|---|---|
| je(j') | connais | crois | attends |
| tu | connais | crois | attends |
| il/elle | connaît | croit | attend |
| nous | connaissons | croyons | attendons |
| vous | connaissez | croyez | attendez |
| ils/elles | connaissent | croient | attendent |

[연습문제 1] 괄호 속의 동사를 변화시켜 빈칸을 채우고 해석해 보시오.

1) Je ne ____________ pas cet écrivain. (connaître)

2) ____________-vous la nouvelle ? (connaître)

3) Il ____________ bien ce film. (connaître)

4) Vous ____________ Jacques ? (croire)

5) Il ____________ avoir raison. (croire)

6) Je ____________ qu'il va trouver la solution. (croire)

7) Est-ce que tu ____________ Marie ? (attendre)

8) Il ____________ son amie chez lui. (attendre)

9) ____________, madame ! (attendre)

## 2. que 보족절

Vous croyez que c'est vrai ?

Je pense que vous avez raison.

Nous savons que nous sommes mortels.

## 3. 근접 과거: venir de + 부정법

Je viens de lire ton message.

Ce livre vient de paraître.

## 4. 의문문(6): 전치사 + 의문사

De qui parlez-vous ?

Tu vas au cinéma avec qui ?

À qui est ce livre ?

D'où viennent les bébés ?

Depuis combien de temps habite-t-elle à Paris?

De quelle origine êtes-vous ?

**[연습문제 2]** 다음과 같은 대답이 나올 수 있도록 질문을 만드시오.

1) Je ne pense à rien.
2) Elle prend le train à 9 heures.
3) Je pars en vacances avec des cousins.
4) Elle vient de Paris.
5) J'apprends le français depuis 3 ans.

## 5. 형용사의 불규칙한 성수변화(2)

| 남성 단수형 | 여성 단수형 | 남성 복수형 | 여성 복수형 |
|---|---|---|---|
| heureux | heureuse | heureux | heureuses |
| étranger | étrangère | étrangers | étrangères |
| actif | active | actifs | actives |
| doux | douce | doux | douces |
| long | longue | longs | longues |
| blanc | blanche | blancs | blanches |

**[연습문제 3]** 상응하는 것끼리 연결하시오.

| | | | |
|---|---|---|---|
| des prix | • | • | difficiles |
| une promotion | • | • | sportive |
| une cravate | • | • | exceptionnelle |
| des chaussures | • | • | intéressants |
| une fille | • | • | chère |
| des clients | • | • | neuves |

## 6. 관사의 변형(1)

J'ai de bonnes nouvelles pour vous.

Dans cette boutique, on peut trouver de jolies chaussures en solde.

cf.) des jeunes gens / des grands hommes

[연습문제 4] 보기와 같이 만드시오.

보기) Vous avez une idée / bonne → Vous avez de bonnes idées.

1) Ils ont un projet / grand →

2) C'est un chef / bon →

3) C'est une jeune fille / jolie →

## 7. 교통수단 표현

Est-ce que vous voulez voyager | **en** voiture / **en** avion / **en** bateau<br>**en** TGV / **en** train ?

Elle arrive **par** le train de 10h 20.

Il va au bureau **à pied** / **à(en) moto** / **à(en) vélo**.

## 8. 국명 표현

L'année prochaine, je vais | **en** France / **en** Corée.<br>**au** Japon / **aux** États-Unis.

Elle part pour l'Angleterre.

Nous venons du Japon / des Pays-Bas / de Chine.

## 9. 계절명사 구문

On peut voir des fleurs partout au **printemps**.

Les Français profitent du soleil en **été**.

Les feuilles tombent en **automne**.

À Paris, il ne neige pas beaucoup en **hiver**.

Cet **été**, nous allons passer nos vacances sur la plage.

C'est le **printemps**, le soleil revient.

[연습문제 5] 빈칸에 알맞은 전치사 또는 전치사와 정관사, 혹은 그 축약형을 넣으시오.

1) Vincent travaille __________ Madrid __________ Espagne.

2) Elle revient ________ Brésil ? – Non, elle revient _________ Argentine.

3) Nous rentrons __________ bicyclette ou __________ bus ?

4) Il fait un tour de Séoul ___________ voiture de son ami.

5) __________ automne, le ciel est très clair.

## 10. 여러 가지 표현

### 1) faire 동사의 구문

Qu'est-ce qu'il fait ? – Il fait des études. (littérature, économie, droit...)

Vous faites du sport ? – Oui, je fais de la natation et du tennis.
(ski, judo, football, danse, équitation, randonnée, cyclisme, course à pied...)

Elle aime faire du piano et de la guitare.
(violon, clarinette, flûte, violoncelle...)

Mes parents font de la marche après le dîner.

### 2) 이동동사구문

Il **sort voir** ses collègues.

Où vas-tu ? – Je **vais prendre** un verre.

Ils **viennent** me **chercher** ce soir.

Elle **va** à la boulangerie **acheter** des baguettes.

### 3) 단위 및 빈도의 표현

Ils prennent un dîner à 20 euros **par personne**.

On fait trois repas **par jour**.

Combien de livres lisez-vous **par semaine** ? / **par mois** ? / **par an** ?

### 4) 기타 표현

Un café, s'il vous plaît. – **Bien** ! / **Très bien** !

Rendez-vous à 6 heures ? – **Bien** ! / **Entendu** !

**Eh bien !** Vous partez déjà ?

Il ne vient pas ce soir ? – **Eh bien, non**.

## Activités 1

1. 프랑스어로 옮기시오.

1) 무슨 일을 하세요? – 장사를 하고 있습니다. (le commerce)

→

2) 그는 어느 대학에 다닙니까?

→

3) 부모님은 아직 내가 너무 어리다고 생각하신다.

→

4) 모두가 축제를 만끽한다. (la fête)

→

## Activités 2

1. Vrai ou Faux ? Lisez le texte et choisissez la bonne réponse.

1) Régine vient d'examiner de nouvelles brochures pour le voyage. (V / F)

2) Mme Corson téléphone à l'agence pour confirmer une réservation. (V / F)

3) Mme Corson a un budget de 1600 euros pour 2 personnes. (V / F)

4) Mme Corson veut passer les vacances à l'étranger, parce qu'elle pense qu'on ne peut pas trouver beaucoup de régions françaises pour les sports d'hiver. (V / F)

2. Jouez la scène dans une agence de voyage avec les informations suivantes.

Nom du client : M. Lacoste
Nombre de voyageurs : 2
Région préférée : France
Budget : 500 euros par personne
Objectif du voyage : repos

«Hôtel Loisirs» :

- proche du château de Chambord
- il est possible de profiter de la piscine et du sauna
- le restaurant a une carte riche et variée
- le prix des chambres : entre 45 et 130 euros par nuit pour 2 personnes

# Leçon 8 Paris ou banlieue ?

*Dans la famille Verdier il y a quatre personnes : monsieur Verdier et sa femme Nicole, leurs deux enfants, Alain, cinq ans et Michelle, trois ans. Ils habitent dans un petit appartement du quinzième arrondissement à Paris.*

M. Verdier: On doit déménager ! Les enfants grandissent... Maintenant ils vont avoir besoin d'une chambre chacun. Mais dans cet appartement, on n'a pas assez d'espace.

Mme Verdier: Oui. C'est un gros problème. Qu'est-ce qu'on fait ? On reste à Paris ? On cherche quelque chose en banlieue ?

M. Verdier: Nous devons rester à Paris pour notre travail, pour l'école des enfants, pour nos amis, etc. Tu ne penses pas ?

Mme Verdier: C'est vrai, mais en banlieue, les loyers ne sont pas très chers. Nous pouvons donc avoir une grande maison confortable.

M. Verdier: C'est vrai. Nous avons besoin de quatre pièces au moins: trois chambres et un grand salon.

Mme Verdier: À Paris, dans un bon quartier, dans un immeuble ancien, au troisième ou au quatrième étage, ça va coûter 2000 euros charges comprises par mois. Par contre, on peut économiser en banlieue.

M. Verdier: Tu n'as pas tort. D'abord, on peut chercher des idées sur Internet.

# Grammaire et Expressions

## 1. 동사의 활용

### 1) 2군동사의 현재 변화형

| | choisir | finir |
|---|---|---|
| je | choisis | finis |
| tu | choisis | finis |
| il/elle | choisit | finit |
| nous | choisissons | finissons |
| vous | choisissez | finissez |
| ils/elles | choisissent | finissent |

[연습문제 1] 괄호 속의 동사를 변화시켜 빈칸을 채우고 해석해 보시오.

1) Elle ____________ une cravate pour son mari. (choisir)

2) ____________ avec prudence. (choisir)

3) Le film ____________ à quelle heure ? (finir)

4) Elles ____________ leur vie dans la misère. (finir)

### 2) devoir 동사의 현재 변화형

| | devoir |
|---|---|
| je | dois |
| tu | dois |
| il/elle | doit |
| nous | devons |
| vous | devez |
| ils/elles | doivent |

[연습문제 2] devoir 동사를 변화시켜 빈칸을 채우고 해석해 보시오.

1) Que ____________-nous faire ?

2) Tu ne ____________ pas sortir pendant une semaine.

3) Le train ____________ arriver tout de suite.

4) Il me ____________ 200 euros.

## 2. 관사의 변형(2)

Je n'ai pas d'amis à Paris.

Elle ne veut plus de vin.

Nous n'avons pas de chien mais nous avons un chat.

cf.) La dépendance, ce n'est pas seulement un problème financier.

**[연습문제 3]** 다음 문장을 부정문으로 바꾸시오.

1) Il y a une lampe sur le bureau. →
2) On voit de la lumière aux fenêtres. →
3) Ce sont des touristes étrangers. →
4) Les Verdier ont un jardin. →
5) C'est un film en version originale. →

**[연습문제 4]** 빈칸에 알맞은 관사의 형태를 넣으시오.

Georges fait les courses. Il va d'abord à la boulangerie acheter __________ pain. Mais il ne va pas à la boucherie, parce qu'aujourd'hui il n'achète pas __________ viande, mais __________ poisson. Pour acheter __________ poisson, il va à la poissonnerie. Ensuite il va à l'épicerie du coin acheter __________ eau minérale, mais il n'achète pas __________ lait aujourd'hui.

## 3. 수한정사(3): 70–1000

| 70 | soixante-dix | 90 | quatre-vingt-dix |
|---|---|---|---|
| 71 | soixante et onze | 91 | quatre-vingt-onze |
| 72 | soixante-douze | 92 | quatre-vingt-douze |
| 79 | soixante-dix-neuf | 100 | cent |
| 80 | quatre-vingts | 101 | cent un |
| 81 | quatre-vingt-un | 200 | deux cents |
| 82 | quatre-vingt-deux | 201 | deux cent un |
| 89 | quatre-vingt-neuf | 1000 | mille |

## 4. 서수한정사

| 표기 | 철자 | 표기 | 철자 |
|---|---|---|---|
| $1^{er}$ / $1^{re}$ | premier / première | $6^{e}$ | sixième |
| $2^{e}$ | deuxième / second(e) | $7^{e}$ | septième |
| $3^{e}$ | troisième | $8^{e}$ | huitième |
| $4^{e}$ | quatrième | $9^{e}$ | neuvième |
| $5^{e}$ | cinquième | $10^{e}$ | dixième |

J'habite au premier / deuxième étage.

## 5. 장소 전치사

J'habite **à** Séoul.

Il y a beaucoup d'endroits pour faire des randonnées **en** Île-de-France.

Elle est **en** France.

Il est **en** ville. / Vous habitez **en** banlieue ? / Les Verdier habitent **dans** la banlieue de Paris.

Nous travaillons **dans** un café du quartier.

Ils rentrent **chez** eux.

Elle est **devant** moi.

Mon père a l'habitude de mettre les mains **derrière** le dos.

Mettez ce livre **sur** la table.

Il cache un pistolet **sous** son manteau.

[연습문제 5] 주어진 그림을 참고하여 빈칸에 알맞은 장소 전치사 또는 정관사와 전치사의 축약형을 넣으시오.

Nous allons acheter une maison de campagne __________ Normandie. C'est une maison d'un étage.

____________ rez-de-chaussée, il y a la cuisine, un grand salon très clair et les toilettes.

_________________ premier étage, il y a une grande chambre, deux petites chambres et une salle de bains.

_______________ la maison, il y a un petit jardin. Et ______________, il y a un garage, mais on ne peut pas le voir sur la photo.

## 6. 여러 가지 표현

### 1) 부정대명사(3): quelque chose / quelqu'un / chacun(e)

Vous voulez prendre quelque chose ? Voulez-vous prendre quelque chose ?
Avez-vous quelque chose à dire ?

Y a-t-il quelque chose de nouveau ?
Il y a quelqu'un ?
Elle attend quelqu'un devant la gare.
Je veux devenir quelqu'un d'autre.
Ces livres coûtent 15 euros chacun.
Elles retournent chacune à leur place.
Chacun pense d'abord à soi.

### 2) 연결사

Attendons **d'abord** sa réponse à notre demande.
**D'abord**, je ne veux pas, ensuite, je ne peux pas.

Il n'y a pas de bus, **alors** on prend le métro.
Je pense, **donc** je suis.

Elle est jolie, **en plus** elle est intelligente.
L'extérieur de cette maison est ancien, **par contre** son intérieur est très moderne.

# Activités 1

## 1. 프랑스어로 옮기시오.

1) 각자 제자리로 돌아가주세요.

→

2) 마리는 몇 층에 살고 있습니까? - 그녀는 3층에 살고 있어요.

→

3) 그는 온화한 반면 그의 아우는 다소 까다롭다. (doux)

→

4) 늦어도 6시에는 공항에 도착해야 해. (au plus tard)

→

# Activités 2

## 1. Lisez le texte et répondez aux questions.

1) Présentez la famille Verdier.

2) Pourquoi est-ce que M. Verdier veut déménager ?
Mais pourquoi hésite-t-il ?

3) Quels sont les avantages de la banlieue ?

2. Comparez les deux studios.

### Studio meublé à Paris - 850 €

- Paris 12$^{e}$.
- Métro Daumesnil ou Dugommier, bus et RER.
- Studio meublé, environ 30$m^2$(mètre carré), très ensoleillé et calme.
- Chauffage individuel. Cuisine équipée, salle de bains (baignoire, lavabo, WC). Parquet.
- Au 6$^{e}$ étage, sans ascenseur. Avec interphone. Digicode.
- Libre de suite.
- 850 €/mois charges comprises.

### Studio meublé à Paris - 700 €

- Paris 16$^{e}$.
- Métro La Muette.
- Joli studio meublé, environ 22$m^2$, sur voie privée, très calme.
- Chauffage collectif. Cuisine équipée, salle de bains (baignoire, lavabo, WC). Moquette.
- Au 7$^{e}$ étage, avec ascenseur. Sans interphone. Digicode.
- Libre de suite.
- 700 €/mois charges comprises.

# Leçon 9 Deux petites nouvelles de Paris

Mon chéri

Ça va ? Quel temps fait-il là-bas ?

À Paris, il fait très froid et il pleut beaucoup, comme d'habitude.

Aujourd'hui, j'ai deux petites nouvelles, l'une est mauvaise et l'autre surprenante. D'abord, la mauvaise : hier soir, Chloé est rentrée de l'école avec un gros mal de tête. Elle n'a pas voulu manger et elle a passé une mauvaise nuit. Oui... Elle est malade. Ce matin, on a été chez le docteur Lacoste et Chloé est restée toute la journée au lit. Selon le docteur, ce n'est rien de sérieux, c'est la grippe, mais je suis un peu inquiète. Tu sais, elle est un peu fragile, j'ai toujours peur pour sa santé, surtout en hiver.

J'ai une autre nouvelle très surprenante. Avant-hier, j'ai rencontré quelqu'un devant le supermarché. Devine qui c'est... C'est Gabriel, notre copain du lycée Pasteur ! Le petit gros aux cheveux blonds. Il a travaillé à New York. Il a toujours le sens des affaires et des relations humaines. Et devine aussi qui il a épousé. Notre ancienne copine de classe, Julie... La jolie fille aux yeux bleus. Ils ont deux enfants et ils ont déménagé dans le quartier la semaine dernière. Il a voulu nous inviter à dîner. Tu rentres le 3 décembre, c'est ça ? Alors, à ton retour, on discute de la date.

La maison est un peu morte sans toi. Chloé et moi, nous pensons très fort à toi. On t'embrasse !

Odile

Mon Chéri,

Ça va? Quel temps fait-il là-bas?
A Paris, il fait très froid et il pleut beaucoup, comme d'habitude.
Aujourd'hui, j'ai deux petites nouvelles, l'une est mauvaise et l'autre surprenante. D'abord la mauvaise : hier soir, Chloé et rentrée de l'école avec un gros mal de tête. Elle n'a pas voulu manger et elle a passé une mauvaise nuit. Oui... Elle est malade. Ce matin, on a été chez le docteur Lacoste et Chloé est restée toute la journée au lit. Selon le docteur, ce n'est rien de sérieux, c'est la grippe, mais je suis un peu inquiète. Tu sais, elle est un peu fragile, j'ai toujours peur pour sa santé, surtout en hiver.
J'ai une autre nouvelle très surprenante. Avant-hier, j'ai rencontré quelqu'un devant le supermarché. Devine qui c'est... C'est Gabriel, notre copain du lycée Pasteur! Le petit gros aux cheveux blonds. Il a travaillé à New-York. Il a toujours le sens des affaires et des relations humaines. Et devine aussi qui il a épousé. Notre ancienne copine de classe, Julie... La jolie fille aux yeux bleus. Ils ont deux enfants et ils ont déménagé dans le quartier la semaine dernière. Il a voulu nous inviter à dîner. Tu rentres le 3 décembre, c'est ça? Alors, à ton retour, on voit ensemble.
La maison est un peu morte sans toi. Chloé et moi, nous pensons très fort à toi.

On t'embrasse!

Odile

## Grammaire et Expressions

### 1. 복합과거

#### 1) avoir + 과거분사

| 원형 | 과거분사형 | 원형 | 과거분사형 | 원형 | 과거분사형 |
|---|---|---|---|---|---|
| aimer | aimé | prendre | pris | savoir | su |
| choisir | choisi | attendre | attendu | mettre | mis |
| voir | vu | faire | fait | connaître | connu |
| avoir | eu | vouloir | voulu | croire | cru |
| être | été | pouvoir | pu | devoir | dû |

[연습문제 1] 괄호 속의 동사를 복합과거 형태로 변화시켜 빈칸을 채우시오.

1) L'été dernier Jennifer ______________ à l'étranger. (voyager)

2) Vous _____________ le dessert ? (choisir)

3) Nous _____________ un accident de voiture. (avoir)

4) Ils __________________ à Paris ? (ne pas être)

5) J' _________________ le déjeuner. (prendre déjà)

6) Qu'est-ce que tu ______________ pendant les vacances ? (faire)

7) Est-ce que tu ______________ les cartes dans les enveloppes ? (mettre)

#### 2) être + 과거분사

| 원형 | 과거분사형 | 원형 | 과거분사형 |
|---|---|---|---|
| aller | allé(e)(s) | sortir | sorti(e)(s) |
| venir | venu(e)(s) | arriver | arrivé(e)(s) |
| partir | parti(e)(s) | rentrer | rentré(e)(s) |

[연습문제 2] 괄호 속의 동사를 복합과거 형태로 변화시켜 빈칸을 채우시오.

1) Tu ______________ de chez toi à quelle heure ? (sortir)

2) Comment ______________-vous ______________ au travail ? (aller)

3) Ils ______________ très tard à la maison. (rentrer)

4) Elles ______________ chez moi ensemble. (arriver)

5) Il ______________ pour l'Allemagne. (partir)

6) Hier soir, vous ______________ chez vous ? (rester)

7) Après le succès de son film, elle ______________ très riche et célèbre. (devenir)

## 2. 간접의문문

Je te demande qui t'a donné ce cadeau.

Elle veut savoir qui il aime.

Il ne me dit pas quand on va partir.

Je vais lui demander si elle va venir chez moi demain.

**[연습문제 3]** 간접의문문으로 고치시오.

1) Je lui demande: « Marie, est-ce que vous allez à la banque ? »

→

2) Elle me demande: « Quand rentres-tu chez toi ? »

→

3) Je leur demande: « Les jeunes, où allez-vous ? »

→

4) Il me demande: « Tu peux me donner ton adresse ? »

→

5) Je ne sais pas: « Qui est-ce ? »

→

6) Le professeur leur demande: « Combien de temps avez-vous étudié le français ? »

→

## 3. 명사의 불규칙 변화

### 1) 불규칙 여성 변화

| 남성형 | 여성형 | 남성형 | 여성형 |
|---|---|---|---|
| un élève<br>un pianiste<br>un journaliste<br>un collègue<br>un enfant | une élève<br>une pianiste<br>une journaliste<br>une collègue<br>une enfant | un Coréen<br>un informaticien<br>un étranger<br>un acteur<br>un chanteur | une Coréenne<br>une informaticienne<br>une étrangère<br>une actrice<br>une chanteuse |

[연습문제 4] 밑줄 친 부분의 성을 변화시켜 문장을 다시 쓰시오.

1) J'ai déposé les clés chez le gardien. →
2) Le bibliothécaire est absent. →
3) Vous connaissez ce pharmacien ? →
4) C'est une ouvrière compétente. →
5) C'est un coiffeur talentueux. →

### 2) 불규칙 복수 변화

| 단수형 | 복수형 | 단수형 | 복수형 |
|---|---|---|---|
| monsieur<br>madame<br>mademoiselle<br>un cadeau | messieurs<br>mesdames<br>mesdemoiselles<br>des cadeaux | un cheveu<br>un travail<br>un animal<br>un œil | des cheveux<br>des travaux<br>des animaux<br>des yeux |

[연습문제 5] 주어진 단어들을 복수형으로 만든 후 빈칸에 적절히 배치하시오.

jeu / château / cheval / vitrail

1) Dans le val de Loire, on peut découvrir des ___________ très connus.
2) Les ______ olympiques d'hiver de 2018 vont avoir lieu à Pyeongchang.
3) Il y a des ___________ dans la prairie.
4) Les ___________ gothiques français sont très connus dans le monde.

## 4. 날씨 표현

Quel temps fait-il ?
Il fait beau. / Il fait mauvais.
Il fait froid. / Il fait chaud.
Il fait frais. / Il fait doux.
Aujourd'hui, il fait 24 degrés.

Il neige.
Il pleut beaucoup.

Il y a du vent. / Il y a du soleil. / Il y a des nuages.

## 5. 날짜 표현

### 1) 월(月)

janvier, février, mars, avril, mai, juin, juillet, août, septembre, octobre, novembre, décembre

### 2) 묻고 답하기

On est le combien aujourd'hui ? – Aujourd'hui, c'est le 10 juin.
Nous sommes le combien aujourd'hui ? – Aujourd'hui, nous sommes le 15 août.
Quel jour du mois est-ce aujourd'hui ? – Aujourd'hui, c'est le premier septembre.
(En) quel mois sommes-nous ? – Nous sommes au mois de février.
/ Nous sommes en février.

[연습문제 6] 달력을 참고하여 밑줄 친 부분을 날짜로 바꾸어 말해보시오.

| Lundi | Mardi | Mercredi | Jeudi | Vendredi | Samedi | Dimanche |
|---|---|---|---|---|---|---|
|  | 1 | 2 | 3 | 4 | 5 | 6 |
| 7 | 8 | 9 | 10 | 11 | 12 | 13 |
| 14 | 15 | 16 | 17 | 18 | 19 | 20 |
| 21 | 22 | 23 | 24 | 25 | 26 | 27 |
| 28 | 29 | 30 |  |  |  |  |

Aujourd'hui, nous sommes le 10. Ève est arrivée à Paris mercredi dernier. Hier, elle m'a téléphoné et m'a dit: « Je vais repartir vers Tours demain matin et rentrer vendredi prochain. » Elle ne peut donc pas voir Paul, parce qu'il va rester à Paris pendant trois jours, de mardi à jeudi prochain.

## 6. 신체부위를 지칭하는 명사

Il lève **le doigt**.

Elle serre **le poing.**

Je lui **donne la main**.

Ouvre **les yeux** !

Il hausse **les épaules**.

Elle lui donne **un coup de pied**.

J'ai mal à **la tête**. / au **ventre**. / aux **dents**.

(œil, nez, oreille, bouche, cou, cœur, poitrine, dos, bras, jambe, orteil)

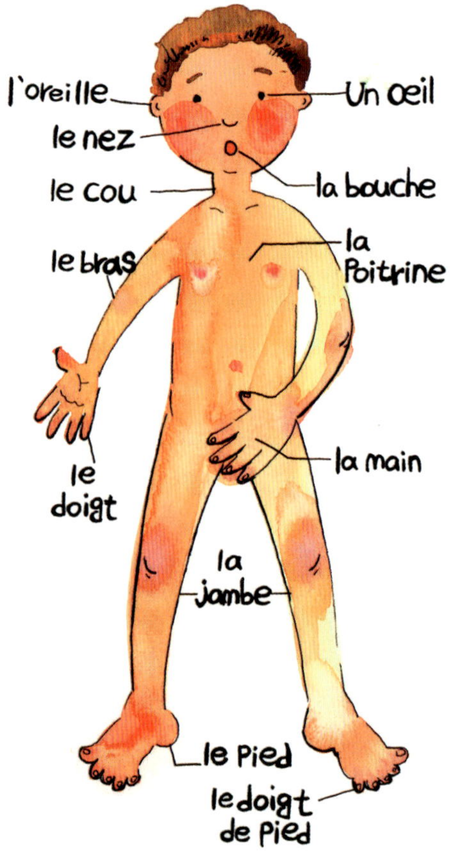

## 7. 여러 가지 표현

### 1) 부정대명사(4): personne

Personne n'est parfait.

Le temps n'attend personne.

Dans cet endroit, il n'y a personne de joyeux.

### 2) passer 동사의 구문

Elle est passée à la banque retirer de l'argent.

Trois jours sont passés.

Beaucoup de réfugiés ont passé la frontière.

J'ai passé mes examens.

Nous avons passé un mois au bord de la mer à Nice.

Elle m'a passé le sel.

### 3) inviter 동사의 구문: inviter + qn + à + 명사 / 부정법

Marie nous invite à son mariage.

Nous vous invitons à venir passer quelques jours chez nous.

### 4) sans

Votre café, avec ou sans sucre ?

Je ne peux pas vivre sans toi.

Il a quitté sa fiancée sans laisser un mot.

## Activités 1

### 1. 프랑스어로 옮기시오.

1) 두 가지 소식이 있어. 하나는 좋은 소식이고 다른 하나는 나쁜 소식이야.

→

2) 그녀는 빵을 사러 빵가게에 들렀다.

→

3) 심각할 건 없는데, 오딜이 걱정 많이 하더라고. (rien)

→

4) 그는 갈색 머리카락에 푸른 눈을 지녔다.

→

## Activités 2

### 1. Vrai ou Faux ? Lisez le texte et choisissez la bonne réponse.

1) Le destinataire de cet email est définitivement parti de Paris. (V / F)

2) En général, il fait très froid et il pleut beaucoup en hiver à Paris. (V / F)

3) Chloé n'est pas résistante au froid. (V / F)

4) Après le retour de son mari, Odile va inviter Gabriel et Julie à dîner chez elle. (V / F)

## 2. Répondez aux questions.

1) Quel est le climat de votre pays ?

2) Quel temps fait-il aujourd'hui ?

3) Quelle est la température aujourd'hui ?

4) Quelle saison préférez-vous ? Et pourquoi ?

# Leçon 10 / L'avenir, rose ou noir ?

*Charlotte entre dans un café pour voir son ami, Gaël.*

Charlotte: Salut ! Qu'est-ce que tu regardes ?

Gaël: Salut ! Je regarde les offres d'emploi. Tu sais bien que je suis au chômage. Il n'est pas facile de trouver du travail pour les jeunes en ce moment: c'est la crise économique. On dit souvent que les emplois ne manquent pas, mais c'est faux aujourd'hui. Surtout pour les jeunes sans diplômes, ce n'est pas du tout évident.

Charlotte: Oui, c'est vrai. Selon le journal d'aujourd'hui, le chômage des jeunes a augmenté de 8% depuis 2007. Cela produira une 'génération chômeurs' de jeunes gens.

Gaël: Dans 3 ans, il y aura peut-être 50% de jeunes au chômage.

Charlotte: Alors, et toi ? Tu reçois combien d'allocation de chômage ?

Gaël: Pas assez. J'ai du mal à garder espoir. Pas de travail, ça veut dire pas d'argent ni d'indépendance. L'avenir n'est jamais rose.

Charlotte: Allons... Un peu d'optimisme ! Tu vois tout en noir. La situation changera petit à petit.

Gaël: De l'optimisme ! Pour toi, peut-être... Tu as eu de la chance, tu as trouvé ton boulot sans difficulté.

| | |
|---|---|
| Charlotte: | Tu exagères un peu. J'ai pris un emploi en C.D.D. (Contrat à durée déterminée). Et bientôt, je serai dans la même situation. En tout cas, bon courage, mon pauvre. Je suis sûre que tu pourras surmonter cette crise et trouver un nouveau travail bientôt. |
| Gaël: | Oh, merci, c'est très gentil. |

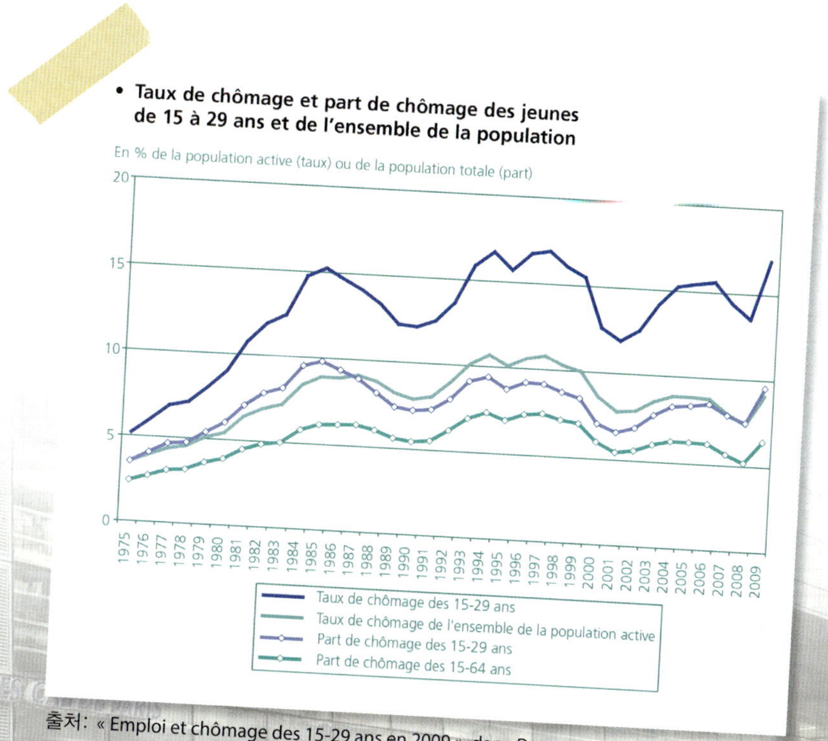


출처: « Emploi et chômage des 15-29 ans en 2009 », dans *Dares analyses*, N° 072, octobre 2010, p. 2.)

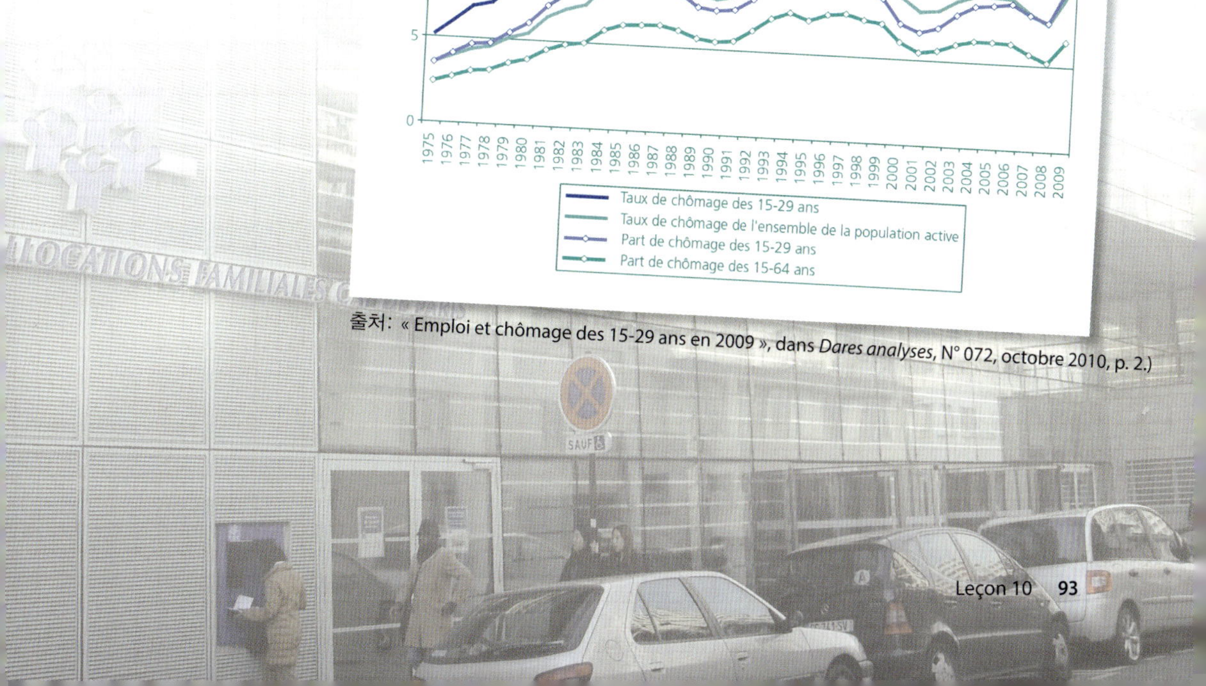

# Grammaire et Expressions

## 1. 단순미래

### 1) 규칙 변화형: 동사 원형 + 미래 어미

| | -er형 | -ir형 | -re형 |
|---|---|---|---|
| | arriver | choisir | prendre |
| je (j') | *arriver***ai** | *choisir***ai** | *prendr***ai** |
| tu | *arriver***as** | *choisir***as** | *prendr***as** |
| il/elle | *arriver***a** | *choisir***a** | *prendr***a** |
| nous | *arriver***ons** | *choisir***ons** | *prendr***ons** |
| vous | *arriver***ez** | *choisir***ez** | *prendr***ez** |
| ils/elles | *arriver***ont** | *choisir***ont** | *prendr***ont** |

[연습문제 1] 밑줄 친 부분을 단순미래 형태로 바꾸시오.

1) Tu vas arriver de l'école à quelle heure demain ?
2) Le spectacle va finir vers minuit.
3) Vous allez prendre le bus ou le métro ?
4) Le train ne va partir qu'à 14 heures.
5) Ils vont prendre le train de 9h 30.

### 2) 불규칙 변화형: 미래 어간 + 미래 어미

| | être | avoir | faire | aller | venir |
|---|---|---|---|---|---|
| je (j') | *ser***ai** | *aur***ai** | *fer***ai** | *ir***ai** | *viendr***ai** |
| tu | *ser***as** | *aur***as** | *fer***as** | *ir***as** | *viendr***as** |
| il/elle | *ser***a** | *aur***a** | *fer***a** | *ir***a** | *viendr***a** |
| nous | *ser***ons** | *aur***ons** | *fer***ons** | *ir***ons** | *viendr***ons** |
| vous | *ser***ez** | *aur***ez** | *fer***ez** | *ir***ez** | *viendr***ez** |
| ils/elles | *ser***ont** | *aur***ont** | *fer***ont** | *ir***ont** | *viendr***ont** |

| | pouvoir | voir | devoir | savoir | vouloir |
|---|---|---|---|---|---|
| je (j') | *pour***rai** | *ver***rai** | *dev***rai** | *sau***rai** | *voud***rai** |
| tu | *pour***ras** | *ver***ras** | *dev***ras** | *sau***ras** | *voud***ras** |
| il/elle | *pour***ra** | *ver***ra** | *dev***ra** | *sau***ra** | *voud***ra** |
| nous | *pour***rons** | *ver***rons** | *dev***rons** | *sau***rons** | *voud***rons** |
| vous | *pour***rez** | *ver***rez** | *dev***rez** | *sau***rez** | *voud***rez** |
| ils/elles | *pour***ront** | *ver***ront** | *dev***ront** | *sau***ront** | *voud***ront** |

**[연습문제 2]** 밑줄 친 부분을 단순미래 형태로 바꾸시오.

1) Je vais être en retard aujourd'hui. Vous viendrez à l'heure ?

2) Tu vas faire des voyages ? Où vas-tu aller ?

3) Vous pouvez trouver l'endroit sans grande difficulté.

4) Ma petite fille va avoir sept ans dans six mois.

5) Tournez à droite et vous allez voir le bureau de poste.

## 2. 동사의 활용: dire / produire / recevoir 동사의 현재 변화형

| | dire | produire | recevoir |
|---|---|---|---|
| je | dis | produis | reçois |
| tu | dis | produis | reçois |
| il/elle | dit | produit | reçoit |
| nous | disons | produisons | recevons |
| vous | dites | produisez | recevez |
| ils/elles | disent | produisent | reçoivent |

**[연습문제 3]** 괄호 속의 동사를 적절히 변화시켜 빈칸에 넣은 후 해석해 보시오.

1) Elle a __________ la vérité. (dire)

2) Je ne __________ jamais de mensonges. (dire)

3) Il __________ bonjour à ses voisins. (dire)

4) Ces arbres _____________ de beaux fruits. (produire)

5) La nouvelle de sa mort a _____________ une réaction vive. (produire)

6) J'ai _____________ un colis de Pierre. (recevoir)

7) Elle _____________ son salaire le 25 de chaque mois. (recevoir)

8) _____________ Madame, mes sincères salutations. (recevoir)

## 3. 형용사의 불규칙한 성수변화(3)

| 남성 단수형 | 여성 단수형 | 남성 복수형 | 여성 복수형 |
|---|---|---|---|
| beau / bel | belle | beaux | belles |
| vieux / vieil | vieille | vieux | vieilles |
| nouveau / nouvel | nouvelle | nouveaux | nouvelles |

**[연습문제 4]** 단수는 복수로, 복수는 단수로 바꾸시오.

1) un beau paysage →

2) de beaux hommes →

3) une belle voiture →

4) mes vieux amis →

5) ses nouveaux albums →

## 4. 시간 표현

On va partir **dans** une heure.

Je suis en vacances **pour** trois jours.

Il fait froid **pendant** l'hiver.

Il a fait ses devoirs **en** une heure.

Je t'attends **depuis** deux heures.

On a visité Paris **il y a** deux ans.

**[연습문제 5]** depuis와 il y a 중에서 적절한 것을 골라 빈칸을 채우시오.

1) Il a acheté cet appartement ____________ trois ans.

2) Elle vit dans cet appartement ____________ trois ans.

3) Nous connaissons la famille Martin ____________ deux ans.

4) Nous avons rencontré la famille Martin ____________ cinq ans.

[연습문제 6] pendant과 en 중에서 적절한 것을 골라 빈칸을 채우시오.

1) L'été, nous restons ______________ trois semaines au bord de la mer.
2) On fait ce gâteau ______________ 15 minutes.
3) J'ai fini ma thèse ______________ trois ans.
4) Ne dérange pas Marie ______________ la journée.

[연습문제 7] dans과 pour 중에서 적절한 것을 골라 빈칸을 채우시오.

1) Le docteur Lelong sera absent ______________ trois jours.
2) Je reviens ______________ cinq minutes !
3) Cet été, ______________ combien de temps partirez-vous en vacances ?
4) On va finir ce travail ______________ une semaine.

## 5. 여러 가지 표현

### 1) ne – ni 구문

Elle ne parle pas de ses parents, ni de ses amis.
Je n'ai pas d'argent, ni de carte.
Je n'aime ni le cinéma ni le théâtre.
Il ne voyage ni en train ni en avion.

### 2) Il est / C'est + 형용사 + de + 부정법

Il est / C'est difficile de vous contenter.
Il n'est pas / Ce n'est pas facile de refuser.

### 3) avoir du mal à + 부정법

J'ai toujours du mal à être à l'heure le matin.
Il a du mal à contrôler ses émotions.

### 4) manquer 동사의 구문

Le temps nous manque.

Tu me manques beaucoup.

Il manque deux pages à ce livre.

### 5) cela

Laissez ceci et prenez cela.

Ceci me plaît, cela ne me convient pas.

Ma sœur m'a dit cela.

Cela n'est qu'un rêve.

## Activités 1

### 1. 프랑스어로 옮기시오.

1) 너에게 기회는 앞으로 얼마든지 있어. (manquer)

→

2) 오늘 밤은 잠이 잘 안 오는구나. (mal)

→

3) 그녀는 거절도 승락도 하지 않았다.

→

4) 습관을 바꾸기란 쉽지 않다. (l'habitude)

→

## Activités 2

### 1. Lisez le texte et répondez aux questions.

1) Gaël et Charlotte, de quoi parlent-ils ?

2) Quel est le problème principal de la crise économique ?

3) Comparez Gaël à Charlotte avec les mots 'pessimiste' et 'optimiste'.

### 2. Répondez aux questions.

1) Depuis combien de temps apprenez-vous le français ?

2) Quel sport pratiquez-vous ? Quand avez-vous commencé à le pratiquer ?

3) Où habitez-vous ? Pendant combien de temps habitez-vous ce quartier ?

4) Décrivez votre journée à vos voisins.

# 2부

| | |
|---|---|
| Leçon 1 | Cadeau de déménagement |
| Leçon 2 | Rencontre avec une championne de patinage artistique |
| Leçon 3 | Une lettre de Séoul |
| Leçon 4 | Au magasin de sport |
| Leçon 5 | Auvers-sur-Oise, ville impressionniste |
| Leçon 6 | Au secours : j'ai peur de parler en public ! |
| Leçon 7 | Conseils pour un logement |
| Leçon 8 | Au guichet |
| Leçon 9 | Les portables : le bien et le mal |
| Leçon 10 | La chanson française |

# Leçon 1 Cadeau de déménagement

*Anne et Pierre ont déménagé il y a peu de temps. Ils invitent leurs amis pour fêter l'événement. Ils vont pendre la crémaillère. Laurent et Sylvie, deux amis, vont dans un grand magasin pour acheter un cadeau.*

Laurent: Qu'est-ce qu'on peut leur offrir ? Tu as une idée ?
Sylvie: Pas trop... On leur achète quelque chose de pratique... ?
Laurent: Oui, c'est une bonne idée. La vendeuse pourra nous aider. Allons lui demander.

*Ils s'approchent d'une vendeuse.*

La vendeuse: Monsieur, madame, bonjour. Je peux vous aider ?
Laurent: Oui, s'il vous plaît. On cherche un cadeau pour des amis qui viennent de déménager, et on pense à quelque chose d'utile, de pratique...
La vendeuse: Ça, c'est toujours une bonne idée. Alors, pourquoi pas des assiettes ? Celles que vous voyez ici, par exemple, elles sont très jolies.
Sylvie: Oui, c'est vrai, mais des assiettes, ils en ont déjà beaucoup. Des tasses à café aussi. Par contre, la cafetière qui est sur l'étagère, celle à droite, elle me plaît bien. Qu'est-ce que tu en penses, Laurent ?
Laurent: Ah oui, pas mal. Mais ils en ont déjà une, n'est-ce pas ?

Sylvie: Oui, mais ils n'en ont pas une comme celle-là...

Laurent: Bon d'accord, j'aime bien aussi. Alors, on la prend ?

Sylvie: Oui, je suis sûre qu'elle va leur plaire.

La vendeuse: Vous avez fait un bon choix. Je vous fais un paquet-cadeau ?

Laurent: Oui, c'est gentil, merci.

# Grammaire et Expressions

## 1. 동사의 활용

| | offrir | plaire |
|---|---|---|
| je(j') | offre | plais |
| tu | offres | plais |
| il/elle | offre | plaît |
| nous | offrons | plaisons |
| vous | offrez | plaisez |
| ils/elles | offrent | plaisent |

[연습문제 1] 괄호 속의 동사를 변화시켜 빈칸을 채우고 문장을 해석해 보시오.

1) Il ______________ des cadeaux à ses enfants. (offrir)

2) Elle m'a ______________ un sac. (offrir)

3) Je vais lui ______________ une jupe. (offrir)

4) Il cherche à ______________ à son supérieur. (plaire)

5) Cette émission lui a ______________. (plaire)

6) Cela vous ______________ ? (plaire)

7) Entrez, s'il vous ______________. (plaire)

## 2. 중성대명사 en

### 1) 수량 표현

<table>
<tr><td rowspan="3">Mangez-vous</td><td rowspan="3">du gâteau ?<br>de la viande ?<br>des fruits ?</td><th colspan="2">– Oui,</th><th colspan="2">– Non,</th></tr>
<tr><td colspan="2">j'en mange.</td><td colspan="2">je n'en mange pas.</td></tr>
<tr><td>j'en mange</td><td>beaucoup.<br>assez.<br>trop.<br>un peu.</td><td>je n'en mange pas</td><td>beaucoup.<br>assez.</td></tr>
</table>

| | | – Oui, | | – Non, |
|---|---|---|---|---|
| Avez-vous | des sœurs ?<br>un stylo ? | j'en ai | une / trois.<br>un / deux. | je n'**en** ai pas. |

[연습문제 2] 중성대명사 en을 써서 다음 질문에 답하시오.

1) Tu as des amis français ? ______________________________.

2) Vous voulez de la bière ? ______________________________.

3) Tu veux du café ? – Oui, ____________________________. (une tasse)

4) Est-ce que tu as un blog ? ______________________________.

5) Vous achetez aussi des carottes ? ______________________________.

6) Elle a des enfants ? ______________________________.

7) Est-ce que vous faites du sport ? ______________________________.

8) Est-ce que vous avez un ordinateur ? ______________________________.

## 2) 전치사 표현

Vous venez de la poste ? – Oui, j'**en** viens.

J'ai besoin de ce livre. Vous n'**en** avez pas besoin ?

Ces derniers temps, on parle beaucoup de la politique, n'est-ce pas ?

– Oui, on **en** parle tout le temps.

cf.) Il parle de Lisa ? – Oui, il parle d'elle.

[연습문제 3] 중성대명사 en을 써서 다음 질문에 Oui / Non으로 답하시오.

1) Tu viens de Paris ?

______________________________________________.

______________________________________________.

2) Tu vas à la bibliothèque ? – Non, ____________________________. (sortir)

3) Est-ce que vous avez besoin d'aide ?

______________________________________________.

______________________________________________.

4) Est-ce que vous parlez de vos parents avec vos amis ?

______________________________________________.

______________________________________________.

5) Est-ce que vous avez peur de l'examen ?

______________________________________________.

______________________________________________.

## 3. 관계대명사 qui / que

| | QUI | |
|---|---|---|
| Je parle à un(e) employé(e).<br>→ Je parle à un(e) employé(e) | **Il/Elle**<br>**qui** | travaille à la poste.<br>travaille à la poste. |
| Elle rencontre des touristes.<br>→ Elle rencontre des touristes | **Ils/Elles**<br>**qui** | voyagent en Europe.<br>voyagent en Europe. |
| C'est un film.<br>→ C'est un film | **Il**<br>**qui** | raconte l'histoire de deux adolescents.<br>raconte l'histoire de deux adolescents. |

| | QUE | |
|---|---|---|
| Je parle à un(e) employé(e). Vous<br>→ Je parle à un(e) employé(e) | **le/la**<br>**que** | connaissez.<br>vous connaissez. |
| Elle rencontre des touristes. Vous<br>→ Elle rencontre des touristes | **les**<br>**que** | connaissez.<br>vous connaissez. |

[연습문제 4] 보기처럼 바꾸어 보시오.

보기) Ils vendent des produits de beauté. Ces produits de beauté sont très chers.
→ Ils vendent des produits de beauté qui sont très chers.

1) C'est Elsa, une amie. Tu ne la connais pas.

→

2) Le touriste dérange les animaux. Le touriste ne respecte pas la nature.

→

3) « Les Feuilles mortes » est une chanson française. Les Français aiment beaucoup cette chanson.

→

4) Voici le chemin. Je le prends pour aller au lycée.

→

5) La femme porte des lunettes. Je la regarde.

→

## 4. 지시대명사

| 남성 단수형 | 여성 단수형 | 남성 복수형 | 여성 복수형 |
|---|---|---|---|
| celui(-ci/-là) | celle(-ci/-là) | ceux(-ci/-là) | celles(-ci/-là) |

Quel CD veux-tu écouter ? – Celui-ci.

Quels livres préfères-tu ? – Ceux-là.

Quelle robe choisis-tu ? – Celle-ci.

Quelles chaussures allez-vous acheter ? – Celles-là.

J'aime ceux qui m'aiment.

Je ne suis pas celui que vous cherchez, madame.

Ce n'est pas ma voiture ; c'est celle de Julie.

[연습문제 5] 빈칸에 알맞은 지시대명사를 넣으시오.

1) Comme je n'ai pas de cravate, je vais prendre _________ de mon père.

2) Mes parents et __________ de Nicole sont amis.

3) Entre ces deux chapeaux, je préfère __________-ci. Mais ___________-là me plaît aussi.

4) Béatrice et Christophe sont venus ; ____________-là est joyeuse, mais ____________-ci semble triste.

5) Elle a pris quelle robe ? – ___________ qui est en soie.

6) Nous aimons toutes les régions françaises, mais particulièrement ... _______________ du sud.

7) Tu veux quel livre ? ____________-ci ou __________-là ?

8) N'achète pas ce vin, il est trop sec. Achète __________-là.

## 5. certain / sûr + | de + 명사 / que + 문장

Paul est sûr du résultat.

Je suis certain(e) que Marie est capable de réussir.

– Moi, je n'en suis pas certain(e)/sûr(e).

Il est certain que notre planète est en grand danger.

# Activités I

## 1. 프랑스어로 옮기시오.

1) 그는 5분 전에 도착했다.

→

2) 이 영화가 아주 마음에 든다. (plaire)

→

3) 부모님이 새 컴퓨터를 사주셨다. (offrir)

→

4) 나는 그가 돌아올 것이라 확신한다. (revenir)

→

5) 엘렌이 내일 오는 것은 확실하다. (Hélène, certain)

→

## 2. qui 또는 que를 사용하여 대화를 완성하시오.

Deux concierges bavardent.

– Vous connaissez la jeune fille ________ passe ?

– Oui, c'est la fille des gens ________ habitent la belle maison de la rue Cassotte.

– Ah oui, la maison ________ est à côté de la poste.

– C'est ça. C'est une maison ________ j'aime beaucoup.

– Moi aussi, surtout le jardin ________ est devant.

– Ce sont des gens ________ je ne vois jamais.

– C'est normal. Ils travaillent la nuit tous les deux.

# Activités 2

1. 본문의 내용을 읽고 다음 질문에 답하시오.

1) Pour quelle occasion est-ce que Laurent et Sylvie veulent offrir un cadeau à Anne et Pierre ?

2) Où est-ce qu'ils vont pour acheter le cadeau ?

3) Quel type de cadeau cherchent-ils ? Et qu'est-ce qu'ils prennent finalement ?

4) En Corée, est-ce qu'on offre des cadeaux spéciaux pour des occasions spéciales ?

# Leçon 2 Rencontre avec une championne de patinage artistique

| | |
|---|---|
| Le journaliste: | Vous êtes maintenant championne du monde. Votre vie quotidienne a beaucoup changé après le championnat ? |
| La championne: | Pas vraiment. Je m'entraîne tous les jours. |
| Le journaliste: | À quelle heure commencez-vous votre journée ? |
| La championne: | Assez tôt. Je me lève à 7 h. Je prends ma douche et je m'habille. Après avoir pris mon petit déjeuner, je pars à l'entraînement. Je fais deux heures de musculation et je vais déjeuner à 11 h 30. |
| Le journaliste: | Et l'après-midi, vous continuez ? |
| La championne: | Oui, bien sûr. Je vais à la patinoire pour travailler sur la chorégraphie et la technique. |
| Le journaliste: | D'accord. À quelle heure votre journée se termine ? Et qu'est-ce que vous faites après ? |
| La championne: | Ma journée se termine vers 6 h. Je rentre chez moi. Je dîne, je regarde la télé et je lis un peu avant d'aller me coucher. |
| Le journaliste: | Vous vous entraînez le week-end aussi ? |
| La championne: | Ah non, pas d'entraînement le week-end. Je me repose et je dors suffisamment. |
| Le journaliste: | Vous ne devez pas sortir souvent. Ce n'est pas dur |

de ne pas pouvoir voir vos amis tous les jours ?

La championne: Si, mais on s'appelle quand on peut. Et ma famille est toujours à mes côtés. Comme toutes les familles, la mienne me soutient et m'encourage toujours !

# Grammaire et Expressions

## 1. 동사의 활용

### 1) lire

| | lire |
|---|---|
| je | lis |
| tu | lis |
| il/elle | lit |
| nous | lisons |
| vous | lisez |
| ils/elles | lisent |

[연습문제 1] 다음 빈칸에 lire 동사의 알맞은 형태를 넣고 문장을 해석해 보시오.

1) Elle aime ________________.

2) Je ________________ le journal.

3) Il ________________ une histoire à ses petits-enfants.

4) J'ai ________________ un article très drôle.

### 2) 대명동사

| | se laver |
|---|---|
| je | me lave |
| tu | te laves |
| il/elle | se lave |
| nous | nous lavons |
| vous | vous lavez |
| ils/elles | se lavent |

Je ne me lève pas très tôt.

Elles se regardent.

La vengeance est un plat qui se mange froid.

Je me souviens de ton message.

Il s'en va.

Je me couche à onze heures.

On se téléphone ce soir ?

Il s'appelle Laurent.

Tu te moques de moi ?

Ça se passe très bien.

**[연습문제 2]** 괄호 안의 동사를 적절히 활용해 넣고 문장을 해석해 보시오.

1) Je __________________. (s'ennuyer)
2) Elle __________________ fatiguée. (se sentir)
3) Nous ne __________________ pas. (se connaître)
4) Ils __________________. (se ressembler)
5) Ces bijoux __________________ très bien. (se vendre)

**[연습문제 3]** 괄호 안의 동사를 알맞은 곳에 알맞은 형태로 넣으시오.

1) M. et Mme Martinet ________________ beaucoup. Ils ________________ à 9 h du soir et __________________ à 9 h du matin. (se lever / dormir / se coucher)
2) En ce moment, je suis très fatiguée: je __________________ très tôt pour aller travailler, je __________________ très tard tous les soirs et en plus, je _____________ très difficilement. (s'endormir / se coucher / se lever)
3) Nous _________________ tôt demain matin. Nous _________________ en randonnée. (partir / se réveiller)
4) Les deux frères ____________ tout le temps. Ils ne ________________ pas très bien. (s'entendre / se disputer)

## 2. 소유대명사

| 남성 단수형 | 여성 단수형 | 남성 복수형 | 여성 복수형 |
|---|---|---|---|
| le mien | la mienne | les miens | les miennes |
| le tien | la tienne | les tiens | les tiennes |
| le sien | la sienne | les siens | les siennes |
| le nôtre | la nôtre | les nôtres | |
| le vôtre | la vôtre | les vôtres | |
| le leur | la leur | les leurs | |

**[연습문제 4]** 다음 빈칸에 알맞은 소유대명사를 넣으시오.

1) Ce n'est pas le vélo de Thierry, ______________ est dans le garage.
2) C'est à toi, cette montre ? – Non, ce n'est pas ______________________.
Je crois que c'est celle de Cyril.
3) Ces bonbons ne sont pas pour vous, les enfants. Vous avez déjà mangé ____________________.
4) Vous pensez à votre avenir, et nous, nous pensons ________________.

**[연습문제 5]** 보기처럼 대답해 보시오.

보기) Ce dictionnaire est à vous ?
– Oui, c'est le mien. / Non, ce n'est pas le mien.

1) C'est l'écharpe de Marie ? – Oui, ____________________________.
– Non, ____________________________.
2) Ces revues sont à l'étudiant ? – Oui, ____________________________.
– Non, ____________________________.
3) C'est votre courrier ? – Oui, ____________________________.
– Non, ____________________________.
4) Ces papiers sont à elles ? – Oui, ____________________________.
– Non, ____________________________.

## 3. 부정법

### 1) 부정법의 부정

Je fais beaucoup de sport pour **ne pas prendre de** poids.
Il est important de **ne rien dire**.
Je lui ai promis de **ne jamais lui mentir**.
**Ne pas tricher** pendant l'examen.
Je ne peux pas **ne pas le faire**.

### 2) 부정법 완료형

Je lui ai téléphoné après **être arrivée** à l'hôtel.

J'ai pris trois semaines de vacances après **avoir passé** mes examens.

Nous sommes contents de **ne pas avoir manqué** le spectacle hier.

Merci d'**être venus**.

[연습문제 6] 주어진 동사를 보기처럼 알맞은 형태로 넣으시오.

보기) Nous sommes allés au théâtre après avoir dîné. (dîner)
Je suis fier de ne pas fréquenter ces gens-là. (ne … pas / fréquenter)

1) Après ______________, Antoine a décidé de partir. (hésiter longtemps)

2) Il a le choix de ______________ ta proposition. (ne ... pas / accepter)

3) Merci de nous ______________ dimanche dernier. (téléphoner)

4) Je regrette de ______________ hier. (ne ... pas / venir)

## 4. 부사

### 1) 불규칙형 부사

| 형용사 | 부사 | 형용사 | 부사 |
|---|---|---|---|
| récent | récemment | précis | précisément |
| fréquent | fréquemment | profond | profondément |
| suffisant | suffisamment | énorme | énormément |

Récemment, ils ont fait le tour du monde.

La musicienne est née il y a précisément cinquante ans.

Il mange énormément.

[연습문제 7] 괄호 안의 문장이 나타내는 행동이나 상황을 -ment 형태의 부사로 표현해 보시오.

1) Ce chauffeur conduit p________________. (il est prudent)

2) Il va f____________________ au cinéma. (il va souvent au cinéma)

3) Le professeur attend p____________________ ses élèves. (il est patient)

4) J'ai s____________________ d'argent. (l'argent ne me manque pas)

### 2) 부사의 위치

| | |
|---|---|
| Il travaille **beaucoup**. | Il a **beaucoup** travaillé. |
| Je mange **trop**. | J'ai **trop** mangé. |
| Réfléchissez **bien**. | Je dois **bien** réfléchir. |
| Tu pars **déjà** ? | Il est **déjà** parti. |
| Je l'aime **toujours**. | Je l'ai **toujours** aimé. |
| cf.) Il a parlé longuement. | Il a longuement parlé. |
| Évidemment, il n'est pas venu. | Il n'est évidemment pas venu. |

[연습문제 8] 괄호 안의 형용사를 알맞은 형태의 부사로 만들어 문장의 알맞은 위치에 넣으시오.

1) Il a suivi un cours de conduite. (certain)

2) Il l'a suivi. (récent)

3) Il a beaucoup appris. (évident)

## 5. 여러 가지 표현

### 1) 접속사 quand

Je dors quand j'ai sommeil.

Quand il a vu Laure, il est immédiatement tombé amoureux.

Quand vous viendrez à Paris, je vous inviterai à dîner.

### 2) 시간 표현

Il se lève **tôt** le matin.

Il est venu me voir **tard** dans la nuit.

Elle est arrivée **à l'heure** / **en retard** / **en avance**.

## Activités 1

### 1. 프랑스어로 옮기시오.

1) 나는 화가 나면 말을 많이 하지 않는다. (quand, fâché)

→

2) 나는 농담하는 것을 매우 좋아한다. (aimer, plaisanter)

→

3) 그는 절대 시간을 지키는 법이 없다. (jamais, à l'heure)

→

4) 작년에는 눈이 너무 많이 내렸다. (trop, neiger)

→

## Activités 2

### 1. 본문의 내용을 읽고 다음 질문에 답해 보시오.

1) La championne se réveille tard le matin ?

2) Elle s'habille avant ou après le petit-déjeuner ?

3) Qu'est-ce qu'elle fait le soir en général ?

4) Est-ce qu'elle sort souvent avec ses amis ?

5) Et vous ? Répondez aux mêmes questions.

### 2. 다음 질문에 프랑스어로 답하시오.

1) Comment t'appelles-tu ?

2) Tu te réveilles à quelle heure le matin ?

3) Tu te lèves tout de suite ?

4) Quand est-ce que tu te brosses les dents ?

5) Tu te dépêches pour ne pas être en retard au cours ?

6) Tu te couches à quelle heure le soir ?

7) Tu t'endors tout de suite ?

## 3. 다음 표현을 참고하여 빈칸에 적당한 단어를 찾아 넣으시오.

가로(horizontalement)

1. Pour se faire les ongles, on a besoin d'un ________________.
2. Pour se laver les cheveux, on a besoin d'un ________________.
3. Pour se regarder, on a besoin d'un ________________.
4. Pour se laver les dents, on a besoin d'un ________________.

세로(verticalement)

a. Pour se parfumer, on a besoin d'un ________________.

b. Pour se raser, on a besoin d'un ________________.

c. Pour se coiffer, on a besoin d'un ________________.

d. Pour se laver, on a besoin d'un ________________.

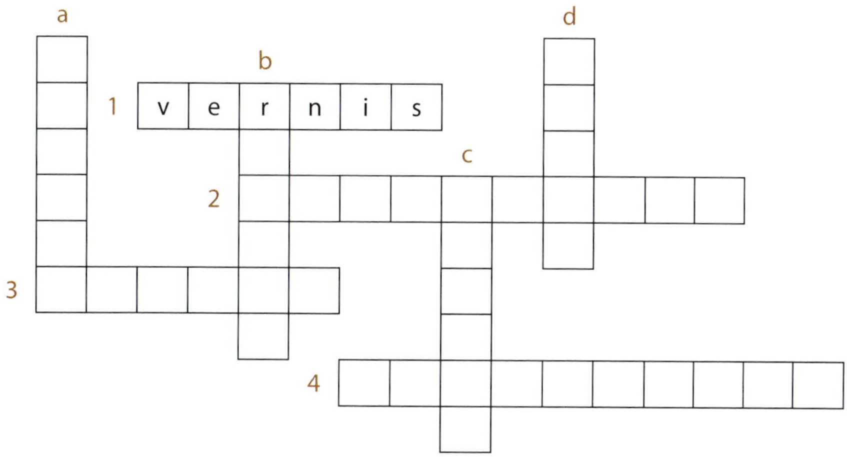

se réveiller
se lever
se doucher
se laver
se raser
se peigner
se brosser les dents
se maquiller
s'habiller
se coucher
s'endormir

le football
le basket-ball
le volley-ball
le base-ball
le tennis
le ping-pong
la natation
le ski
le cyclisme
la planche à voile
le tir à l'arc

# Leçon 3 / Une lettre de Séoul

Séoul, le 11 avril 2017.

Chère Maman,

Nos vacances en Corée se passent merveilleusement bien. Les gens sont très sympas et nous profitons d'un soleil magnifique chaque jour. Nous sommes en ce moment à Séoul, et ça nous rappelle plein de souvenirs. Avant-hier, nous avons visité le grand palais au centre de la capitale. Celui où nous allions nous promener avec toi quand il faisait beau. Tu te souviens ? Ce jour-là, il y avait peu de touristes et c'était tranquille. Nous avons demandé à un couple coréen de nous prendre en photo et... quelle surprise ! Ils savaient parler français ! Ils faisaient leurs études à Paris à l'époque où nous habitions en Corée, nous ! Alors, hier, ils nous ont aidés à redécouvrir la ville et ils nous ont même invités chez eux pour un dîner coréen ! On a bien mangé et bien bu ! Ils habitent dans un quartier qu'on ne connaissait pas. Nous ne pourrons jamais oublier ces deux journées que nous avons passées avec eux ! Demain, on part pour le sud, pour voir une autre ancienne capitale, Kyung-Joo, dont parlent tous les guides touristiques.

Nous espérons qu'il ne pleut pas beaucoup à Paris. Nous t'avons appelée ce matin, mais pas de réponse. Tu dormais déjà sûrement...

Gros bisous.

Isabelle et Nicolas

# Grammaire et Expressions

## 1. 동사의 활용

| | boire |
|---|---|
| je | bois |
| tu | bois |
| il/elle | boit |
| nous | buvons |
| vous | buvez |
| ils/elles | boivent |

[연습문제 1] 다음 빈칸에 boire 동사의 알맞은 형태를 넣고 문장을 해석해 보시오.

1) Nous ______________ du jus d'orange.

2) Vous voulez quelque chose à ______________ ?

3) J'ai ______________ un verre de vin blanc.

4) Ils ______________ trop.

## 2. 반과거

| 현재 | | | |
|---|---|---|---|
| nous | *aim-* | ons | → |
| | *finiss-* | | |
| | *part-* | | |
| | *attend-* | | |
| | *fais-* | | |
| | *av-* | | |

| 반과거 | |
|---|---|
| je(j') | *aim***ais** |
| tu | *finiss***ais** |
| il/elle | *part***ait** |
| nous | *attend***ions** |
| vous | *fais***iez** |
| ils/elles | *av***aient** |

| être | |
|---|---|
| j' | *ét***ais** |
| tu | *ét***ais** |
| il/elle | *ét***ait** |
| nous | *ét***ions** |
| vous | *ét***iez** |
| ils/elles | *ét***aient** |

C'était un dimanche: il faisait froid, le vent soufflait, mais le soleil brillait.

Avant, quand j'étais jeune, j'avais les cheveux longs.

Il parlait avec le journaliste quand la secrétaire l'a appelé.

Quand tu habitais en Chine, tu circulais toujours à vélo ?

Il m'a dit que son fils était très malade.

[연습문제 2] 주어진 동사를 복합과거와 반과거 중 알맞은 형태로 넣으시오.

Il _______________ (être) environ dix-sept heures. Soudain, deux hommes qui __________ (faire) la queue près de la caisse ____________ (attaquer) le caissier. Comme le supermarché ____________ (être) plein de monde, le caissier __________________ (donner) l'argent aux cambrioleurs, mais il _______________ (avertir) secrètement la police. Elle ___________ (arriver) immédiatement sur les lieux et _______________ (arrêter) l'un des voleurs mais il n'__________ (avoir) plus l'argent. L'autre ____________ (réussir) à s'échapper. Il __________ (porter) une veste grise, un jean et des lunettes.

[연습문제 3] 보기와 같이 만들어 보시오.

보기) regarder match de football / Marie entrer (il)
→ Il regardait un match de football quand Marie est entrée.

1) marcher dans la rue / rencontrer mon patron (je)
2) être dans le métro / la grève commencer (nous)
3) dormir / entendre l'explosion (on)
4) être fatigué / prendre la route (ils)
5) être en pleine discussion avec Pierre / Gérard le voir (il)

## 3. 관계대명사 où / dont

### 1) où

Le quartier où j'habite est très loin.
C'est un site où on peut télécharger de la musique.
C'est la salle où je fais du sport.
Le 3 octobre, c'est le jour où je suis né.

### 2) dont

Je lui enverrai les fichiers dont il a besoin.
La fille dont je t'ai parlé est très sportive.
C'est la médaille d'or dont elle est tellement fière.
Hier soir, j'ai vu un film dont le réalisateur est peu connu en Corée.
On était six, dont trois enfants.

[연습문제 4] où 또는 dont 중 하나를 골라 적당한 문장끼리 연결시키시오.

| | | | |
|---|---|---|---|
| 1) Il arrive toujours au moment... | • | • | j'ai lu tous les romans. |
| 2) Elle vient d'acheter une voiture... | • | • | on a rencontré des gens charmants. |
| 3) On est allés à une fête... | • | • | elle est très fière. |
| 4) Vas-tu embaucher l'ingénieur... | • | • | je t'ai parlé au téléphone ? |
| 5) Camus, c'est un écrivain... | • | • | je connais tous les monuments historiques. |
| 6) C'est une ville... | • | • | je pars. |

## 4. 과거분사 일치

Je les ai **rencontrées** avant-hier dans un parc.
Ces machines, comment les as-tu **inventées** ?
Quelle chemise as-tu **achetée** ?
Tous les logiciels que j'ai **installés** sont gratuits.

[연습문제 5] 주어진 동사를 알맞은 복합과거 형태로 바꾸시오.

1) Oui, Julie et Vincent sont là. Je les ____________ au premier étage. (voir)
2) Vos collègues, je les ______________ chez la directrice. (accompagner)
3) Quels livres tu ________________ pendant les vacances ? (lire)
4) Ma grand-mère ? Oui, je la(l') ____________________. (aimer beaucoup)

5) Je vais envoyer les photos que je(j') ______________ (prendre) à mon amie Catherine. Je les __________ (mettre) dans une grande enveloppe. Je(J') _____________ (écrire) l'adresse de Catherine sur l'enveloppe. Je la(l') _____________ (écrire) clairement.

## 5. 감탄문(1): Quel + 명사 !

| | |
|---|---|
| Quel bonheur ! | Quelle horreur ! |
| Quel dommage ! | Quel beau temps ! |
| Quelle bonne idée ! | |

## 6. 여러 가지 표현

### 1) peu / un peu (de + 명사)

Je sors peu le soir.

C'est peu important pour moi.

C'est un peu gênant, monsieur.

Je suis un (tout) petit peu énervé.

Merci... un peu de silence, s'il vous plaît.

Il parle très peu et il a très peu d'amis.

### 2) 부정한정사 chaque

On projette un film différent dans chaque salle.

Chaque participant doit envoyer une fiche d'inscription.

Chaque matin, j'arrose mes plantes.

**[연습문제 6]** 다음 문장을 보기와 같이 고치시오.

보기) Tous les candidats doivent s'inscrire et payer par chèque.
→ Chaque candidat doit s'inscrire et payer par chèque.

1) Toutes les secrétaires ont un nouvel ordinateur.

→

2) Tous les employés envoient des cartes de vœux.

→

3) Tous les matins, je vais au bureau.

→

4) Toutes les fois que je pars en vacances, j'envoie des cartes postales.

→

### 3) aider + qn + à + 부정법

Virginie aide son mari à préparer le dîner.

Tu peux m'aider à faire mes devoirs, Nicole ?

– Euh... désolée, mais je n'ai même pas fini les miens.

### 4) 단축어

Je vais à la **fac** en métro.

Le **prof** de **philo** est très **sympa**, mais le **prof** de **maths**... euh...

Après la **manif**, ils sont allés au **resto U**.

Chaque soir, je regarde les **infos** et la **météo** à la **télé**.

## Activités 1

### 1. 프랑스어로 옮기시오.

1) 전화가 울렸을 때 우리는 점심을 먹고 있었다. (téléphone, déjeuner)

→

2) 설거지 도와줄게. (aider, vaisselle)

→

3) 정부는 해마다 세금을 인상한다. (chaque, impôts)

→

4) 두 프로그램 사이에는 차이가 거의 없다. (il y a, entre, programme)

→

5) 날씨 한번 고약하군! (Quel)

→

## Activités 2

### 1. 다음의 문장이 본문의 내용과 일치하는지 답하시오.

1) Isabelle et Nicolas n'ont jamais vécu en Corée. (V / F / ?)

2) Leur père est en France. (V / F / ?)

3) Ils sont contents de leur voyage. (V / F / ?)

4) Ils ont des problèmes de communication à cause de la langue. (V / F / ?)

5) Pendant leur séjour à Séoul, il pleut beaucoup. (V / F / ?)

### 2. 여러분의 어린 시절 추억에 대하여 이야기해 보시오.

1) Quand vous aviez douze ans, où est-ce que vous habitiez ?

2) Quand vous étiez enfant, vous étiez un(e) bon(ne) élève ?

3) Quand vous étiez enfant, vous jouiez beaucoup avec vos amis ?

4) Quand vous étiez enfant, vous alliez à la plage, à la piscine, à la montagne ou vous restiez chez vous ?

5) Quand vous étiez enfant, vous faisiez du ski ou de la natation ? Vous préfériez les sports d'hiver ou les sports d'été ?

6) Quand vous étiez enfant, vous partiez en vacances en voiture ? Qui conduisait ? Vous preniez quelquefois le train ou l'avion ?

### ✪ 공식적인 편지 형식

Cédric GIRARD
25, boulevard Victor Hugo
69000 LYON

Société CABANEL<br>1, avenue de la Liberté<br>34000 MONTPELLIER

Objet : demande de stage
Pièce jointe : CV

Lyon, le 10 juin 2017.

Monsieur le Directeur,

Je termine bientôt ma deuxième année à l'école de stylisme CREMODE de Lyon. L'année prochaine, je continuerai les mêmes études à Paris.

Je souhaite vivement travailler dans votre entreprise pendant l'été. Je suis libre du 1er juillet au 31 août.

En vous remerciant par avance de l'attention que vous voudrez bien porter à ma demande, je vous prie d'agréer, Monsieur le Directeur, l'expression de mes sentiments respectueux.

Cédric Girard

# Leçon 4 / Au magasin de sport

*La fin du mois de juin, c'est le début des vacances, mais c'est aussi la période des soldes. Mme Marceau et son fils Luc entrent dans un magasin de sport. Il y a beaucoup de monde.*

| | |
|---|---|
| Mme Marceau: | Oh là là, quel monde ! C'est fou ! |
| Luc: | Avec les soldes, c'est tout à fait normal, maman ! |
| Mme Marceau: | Oui, mais quand même ! Bon, tu voulais acheter des baskets... |
| Luc: | Oui, les miennes sont usées. Voyons... Tiens, voilà ! Elles sont toutes très jolies ! |
| Mme Marceau: | Choisis vite, on a encore plein de courses à faire. Il faut aller voir des T-shirts pour ton père et des robes pour ta sœur... Bon, tu veux lesquelles ? |
| Luc: | Elles me plaisent bien, celles-là, les rouges. |
| Mme Marceau: | Mais d'habitude, tu n'aimes pas le rouge, toi ! |
| Luc: | Si, si ! J'ai jamais dit ça ! Ah, celles-ci sont pas mal non plus. Tu en penses quoi, maman ? Lesquelles tu me conseilles ? |
| Mme Marceau: | Les bleues, elles ont l'air confortables. |
| Luc: | Tu as raison. Je pourrai peut-être prendre les deux paires. Attends, maman, je voudrais aussi acheter des sandales. |
| Mme Marceau: | Eh, arrête, tu ne vas pas tout prendre ! On n'a pas que ça à acheter. |

Luc: Mais regarde, elles sont toutes en solde. Ce n'est pas cher ! En plus, je les porterai pendant plusieurs années !

Mme Marceau: Tu exagères ! Allez, prends une seule paire. Laquelle tu veux ?

Luc: Maman, je les veux vraiment toutes...

Mme Marceau: Mais quel têtu !

# Grammaire et Expressions

## 1. 의문대명사 lequel

| 남성 단수형 | 여성 단수형 | 남성 복수형 | 여성 복수형 |
|---|---|---|---|
| lequel | laquelle | lesquels | lesquelles |

Un de vos élèves vous demande au téléphone. – Lequel ?

Laquelle de ces deux routes dois-je prendre ?

De toutes ces émissions, laquelle avez-vous préférée ?

Auquel des trois groupes voulez-vous participer ?

Il y a beaucoup de pays en Asie, vous parlez duquel ?

**[연습문제 1]** 보기와 같이 적절한 (전치사 +) 의문대명사를 넣어 문장을 완성하시오.

보기) Je souhaite acheter une guitare, mais je ne sais pas laquelle choisir.

1) J'ai essayé des jupes. ________________ faut-il prendre ?

2) ________________ de ces lettres voulez-vous répondre ?

3) Voilà les dossiers. ________________ as-tu besoin ?

4) Vous connaissez déjà les membres. Sur ________________ d'entre eux peut-on compter ?

## 2. 대명사 tout / tous / toutes

### 1) 용법

Tout va bien ? – Oui, tout va bien. / Non, tout ne va pas bien.

Avec le temps, tout s'en va.

Voilà, c'est tout.

Il voit tout en rose, mais toi, tu vois tout en noir.

Ils sont tous très dynamiques.

Elles étaient toutes très émues.

Les filles, je vous aime toutes.

Je vous souhaite à toutes et à tous une très bonne année !

[연습문제 2] 보기와 같이 빈칸에 tout, tous, toutes 중 적절한 형태를 넣으시오.

보기) Nos clients sont tous satisfaits.

1) Les sœurs Dupont sont ______________ aimables.

2) ______________ est prêt pour le séminaire de demain.

3) Tous les étudiants sont inscrits ? – Oui, ils sont ______________ inscrits.

4) Il faut leur envoyer à ______________ une invitation.

### 2) 대명사 tout / rien의 위치

| | |
|---|---|
| Elle ne montre pas tout. | Elle n'a pas tout montré. |
| Il ne mange rien. | Il n'a rien mangé. |
| Il ne dit jamais rien. | Il n'a jamais rien dit. |

Vous avez tout compris ? – Non, je n'ai rien compris.

Je ne veux rien faire.

cf.) Je n'ai vu personne.

**[연습문제 3]** 보기와 같이 괄호 안에 주어진 표현을 사용하여 질문에 답하시오.

보기) Va-t-il dire quelque chose ? – Non, à mon avis, il ne va rien dire. (rien)

1) Vous voulez boire quelque chose ? – Non, je ________________. (rien)
2) Alors, il a reconnu le fait ? – Oui, il ________________. (tout)
3) Il est déjà au courant ? – Non, il n'a encore ________________. (remarquer, rien)
4) A-t-elle accepté nos propositions ? – Non, elle ________________. (refuser, tout)

## 3. ne의 용법

### 1) ne ... pas (...) que

L'homme ne vit pas que de pain.

On ne peut pas vivre que de souvenirs.

Il n'y a pas que toi ici.

### 2) 구어체에서 ne의 생략

C'est pas très simple.

Je suis plus d'accord avec toi.

Non, ils savent pas encore nager.

Toi, tu réfléchis jamais !

## 4. 여러 가지 표현

### 1) quand même

Il pleut à verse dehors. Mais je dois quand même partir.

Cette souris sans fil est super ! – C'est quand même trop cher.

### 2) avoir l'air + 형용사

Elle a l'air fatiguée.

Ce film a l'air excellent.

Ils ont l'air en forme.

## Activités 1

### 1. 프랑스어로 옮기시오.

1) 그 지원자는 매우 진지해 보인다. (candidat, sérieux)

→

2) 잘 다녀오시기 바랍니다. (bon voyage, souhaiter)

→

3) 저희가 이것 때문에만 온 것이 아닙니다. (ne … pas (…) que, cela)

→

4) 그를 이해는 하지만, 그래도 그렇지. (comprendre, mais, même)

→

## Activités 2

### 1. 본문의 내용을 참조하여 다음 질문에 답해 보시오.

1) Pourquoi est-ce qu'il y a beaucoup de monde dans le magasin ?

2) Qu'est-ce que Luc veut acheter ? Pourquoi ?

3) Est-ce que le rouge est la couleur préférée de Luc ?

4) Finalement, Luc ne veut plus acheter de chaussures. Est-ce vrai ?

## 2. 보기와 같이 빈칸에 알맞은 표현을 넣고 질문에 대답해 보시오.

> 보기) La moutarde est la spécialité d'une ville française, laquelle ?
> – C'est la spécialité de Dijon.

1) Un pont de Paris est construit avec des pierres de la Bastille, ______________ ?

   – C'est le pont ______________________________________________.

2) Le Caire est la capitale d'un pays africain, ______________ ?

   – C'est la capitale ___________________________________________.

3) Il y a trois marques de voitures en France, ______________ ?

   – Ce sont ______________________________________________.

4) Le camembert est un fromage d'une région française, ______________ ?

   – C'est un fromage ___________________________________________.

des baskets

des tennis

un survêtement

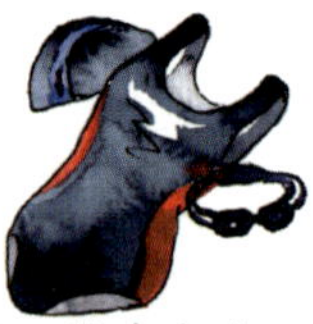

un maillot de bain

un blouson

une combinaison de ski

des patins

# Leçon 5 Auvers-sur-Oise, ville impressionniste

Vous connaissez Monet, Manet ou Cézanne ? Ce sont tous des peintres impressionnistes. Si vous aimez ces artistes, il y a plusieurs villes et villages qu'il vous faut visiter en France : Honfleur, Rouen, Giverny, etc. Auvers-sur-Oise est aussi un site impressionniste. Cette petite ville se situe tout près de Paris. Beaucoup de peintres y ont trouvé l'inspiration, et parmi eux, Vincent Van Gogh. Il y a réalisé soixante-dix toiles dans les derniers mois de sa vie.

Si vous vous promenez à Auvers-sur-Oise, vous pourrez admirer une véritable exposition en plein air : vous pourrez découvrir les paysages et les lieux - comme l'église et la plaine - qui ont inspiré le peintre. Devant chaque sujet, il y a une reproduction du tableau original et comme ça, vous pourrez comparer avec la réalité. Ce sera une expérience unique ! À la fin de votre promenade, vous arriverez au cimetière. Vous y trouverez encore les traces de Van Gogh. En effet, dans le cimetière, vous pourrez voir deux tombes jumelles: celle de Vincent Van Gogh et celle de son frère Théo. Toute sa vie, Vincent a entretenu une relation très étroite avec son frère. Il lui a envoyé environ 650 lettres pendant dix-huit ans. Il lui écrivait à propos de tout. Les deux sont morts très jeunes. Vincent, à l'âge de 37 ans, et Théo, six mois après le suicide de son frère.

# Grammaire et Expressions

## 1. 동사의 활용

| | mourir | écrire |
|---|---|---|
| je(j') | meurs | écris |
| tu | meurs | écris |
| il/elle | meurt | écrit |
| nous | mourons | écrivons |
| vous | mourez | écrivez |
| ils/elles | meurent | écrivent |

**[연습문제 1]** 괄호 속의 동사를 변화시켜 빈칸을 채우고 문장을 해석해 보시오.

1) On ______________ tous un jour. (mourir)

2) Elle est ______________ hier. (mourir)

3) Je ______________ de honte. (mourir)

4) Il sait déjà ______________. (écrire)

5) Elle ______________ un roman. (écrire)

6) Je lui ai ______________ une lettre. (écrire)

7) Ils m'______________ assez souvent. (écrire)

## 2. 중성대명사 y

| | |
|---|---|
| Tu vas **en Espagne** ?<br>Vous êtes allés **à la plage** cet été ? | – Oui, j'**y** vais dans huit jours.<br>– Oui, on **y** a passé toutes nos vacances ! |
| Tu penses **à ta carrière** ?<br>Vous jouez **au tennis** ?<br>Tu fais attention **à ta santé** ? | – Oui, j'**y** pense.<br>– Non, on n'**y** joue pas souvent.<br>– Oui, j'**y** fais toujours attention. |
| cf.) Tu penses **à Caroline** ?<br>cf.) Tu parles **à Caroline** ? | – Oui, je pense **à elle**.<br>– Oui, je **lui** parle. |

[연습문제 2] 보기와 같이 y가 대신하는 표현을 찾아 문장을 다시 쓰시오.

보기) J'adore Vienne. J'y vais la semaine prochaine.
→ Je vais à Vienne la semaine prochaine.

1) Il a un appartement en banlieue. Il y habite depuis 10 ans.

→

2) Je déteste l'hôpital. Je dois quand même y aller.

→

3) J'adore les vacances. J'y pense toujours.

→

4) J'aime le football. J'y joue tous les dimanches.

→

## 3. 부사 tout

### 1) 용법

| | |
|---|---|
| tout | Le salon est **tout** propre, mais les meubles sont **tout** sales.<br>Elle est entrée **tout** doucement.<br>Il habite **tout** à côté de chez moi.<br>Elles étaient **tout** émues. (cf. Elles étaient **toutes** émues.)<br>Elle est **tout** heureuse. |

La cuisine est **toute** sale, mais les chambres sont **toutes** propres.

Elle a paru **toute** honteuse.

[연습문제 3] tout의 알맞은 형태를 넣으시오.

1) ________________ d'abord, je vous présente mon ami Jean.

2) Ma tante est ________________ contente.

3) Elle se sent ________________ seule.

4) Elles sont ________________ étonnées.

5) Moi, je pense ________________ autrement.

### 2) tout가 사용된 여러 가지 표현

Vous n'avez pas **tout à fait** tort.

Elle va arriver **tout de suite**.

**À tout à l'heure** !

**Tout à coup**, elle a commencé à pleurer.

C'est **tout de même** bizarre.

## 4. si 종속절

S'il ne fait pas beau demain, je partirai après-demain.

Ça ne te dérange pas si je fume ?

S'il n'est pas là, je lui laisserai un mot.

Il a écrit ? Si oui, il faut lui répondre.

## 5. il faut + 부정법/명사 + à qn

Il me faut du repos.

Il vous faut apprendre le français.

Ce n'est pas la personne qu'il te faut.

Il lui faudra leur écrire.

Il ne faut pas réveiller le chat qui dort.

cf.) Il faut leur parler. / Il leur faut parler. / Il faut vous dépêcher.

## 6. 속사구문(1): 주어 속사

Madame Charel part seule en vacances.

Ils sont rentrés ivres.

Elles sont sorties vivantes de cet accident.

Le patron arrive furieux en réunion.

## 7. 시간 표현: avant / après

| | |
|---|---|
| Il est arrivé **avant** midi.<br>Il m'a téléphoné deux jours **avant** son départ. | cf.) Il est arrivé **il y a** deux jours.<br>Je reviens **dans** deux heures. |
| Venez **après** deux heures.<br>Il est entré dans la salle de bains et il est ressorti une minute **après**. | Il pleut **depuis** trois jours.<br>Il pleut **depuis** hier. |

[연습문제 4] 괄호 안의 문장과 같은 뜻이 되도록 il y a, dans, avant, après, depuis 중 알맞은 표현을 넣으시오.

1) Je l'ai appelée trois jours ___________. (3일 후에 그 여자에게 전화했다.)

2) Rentre _______________ minuit ! (자정 전에 들어와라.)

3) Je suis arrivé _____________ à peine deux jours. (겨우 이틀 전에 도착했다.)

4) J'habite ici ______________ mon enfance. (어렸을 적부터 쭉 여기 살고 있다.)

5) ________________ l'été, les arbres commencent à perdre leurs feuilles. (여름이 지나면 낙엽이 지기 시작한다.)

## 8. 여러 가지 표현

### 1) en effet / en fait

Pour eux, le confort est important. En effet, ils possèdent tout l'électroménager imaginable.

Cette voiture me plaît beaucoup. En effet, elle est rapide et confortable.

Tu étais absent lundi dernier ? – En effet, j'avais la grippe.

Noël est une fête chrétienne, mais en fait, c'est devenu une fête commerciale.

Je l'attendais à 8 heures du soir, en fait, il est venu à 8 heures du matin.

### 2) à propos de

Le journal a publié un article spécial à propos de cette affaire.

À propos de votre mariage, voici quelques renseignements pratiques.

cf.) À propos, comment va ta grand-mère ?

## Activités 1

### 1. 프랑스어로 옮기시오.

1) 그날 저녁 내 딸은 아주 만족해서 돌아왔다. (ce soir-là, content)

→

2) 아닌 게 아니라 네 말이 맞다. (effet)

→

3) 우리에게는 일이 필요하다. (falloir)

→

4) 이 문제에 대해서 저자는 모든 것을 다 말하지는 않았다. (propos, auteur)

→

5) 별안간 비가 오기 시작했다. (coup)

→

## Activités 2

### 1. 본문의 내용을 읽고 다음 질문에 답해 보시오.

1) À Auvers-sur-Oise, quelles traces de Van Gogh peut-on trouver ?

2) Quelles étaient les relations entre Van Gogh et son frère ?

3) Van Gogh est-il le seul artiste qui a vécu à Auvers-sur-Oise ?

4) Connaissez-vous d'autres peintres impressionnistes ? Pouvez-vous en citer deux ou trois ?

### 2. 여러분에게 다음과 같은 상황이 생긴다면 어떻게 할지 프랑스어로 문장을 완성해 보시오.

1) Si je gagne au loto, …

2) Si je rencontre mon ex-copain (ou mon ex-copine) dans la rue, …

3) Si je n'ai pas cours demain, …

# Leçon 6 Au secours : j'ai peur de parler en public !

*C'est dimanche. Céline et Fabrice déjeunent ensemble dans un restaurant.*

Céline: Tu ne finis pas ton assiette ? Ne me dis pas que tu es au régime !

Fabrice: Non, mais je n'ai pas d'appétit. En effet, demain, je dois présenter un projet dans une réunion. Ça m'angoisse.

Céline: Pourquoi ? Tu as peur de quoi ?

Fabrice: Ben... j'ai peur de parler en public. Ça me donne le trac. À chaque fois, j'ai la gorge serrée et les mains moites.

Céline: Ah, moi aussi, j'étais comme toi avant, mais plus maintenant.

Fabrice: Comment tu as fait ? Aide-moi un peu.

Céline: Tu ne le sais peut-être pas encore, mais presque tout le monde a le même problème. Ce n'est donc pas grave d'avoir peur.

Fabrice: Mais je n'ai pas l'habitude de prendre la parole en public.

Céline: Rassure-toi, personne n'y est habitué au début. Et sache que si tu n'es pas à l'aise devant les gens, ils ne le seront pas non plus. Dis-toi que tu parles avec tes amis. Regarde-les dans les yeux quand tu parles.

Fabrice: C'est facile à dire.

Céline: Oui, je sais. Mais ne t'inquiète pas. Ça viendra avec l'entraînement. Sois sûr de toi. C'est important.

Fabrice: Merci, Céline. J'espère que j'y arriverai.

Céline: Aie confiance en toi. Tout se passera bien. Et si tu as un problème, parles-en avec les gens. Allez, bon courage ! Tout ira bien, j'en suis sûre !

## Grammaire et Expressions

### 1. 명령문 (불규칙 형태)

| avoir | être | savoir | vouloir |
|---|---|---|---|
| aie<br>ayons<br>ayez | sois<br>soyons<br>soyez | sache<br>sachons<br>sachez | -<br>-<br>veuillez |

[연습문제 1] 주어진 동사를 알맞은 명령형으로 바꾸시오.

1) _______________ un peu de courage. Nous y arriverons tous ! (avoir)
2) ________________ gentilles, les filles. (être)
3) _______________ patienter, s'il vous plaît. (vouloir)
4) Ma chérie, _______________ que je suis toujours à tes côtés. (savoir)

[연습문제 2] 괄호 안의 정보를 보고 보기와 같은 명령문으로 만드시오.

보기) Ne sois pas méchant avec moi. (tu, être)

1) N'_______________ pas peur de notre chien. Il aboie beaucoup mais ne mord jamais. (tu, avoir)
2) ______________ du courage et de la patience. (vous, avoir)
3) ______________ sages, les enfants. (vous, être)
4) ______________ qu'on s'intéresse toujours à vous. (vous, savoir)
5) _________________ agréer, Madame le professeur, l'expression de mes salutations distinguées. (vous, vouloir)

## 2. 명령문의 보어 인칭대명사

| | | |
|---|---|---|
| 긍정 명령문 | Attendez-nous.<br>Regarde-moi.<br>Donne-moi ça.<br>Dépêchons-nous.<br>Parle**s**-en. | Donne-la au professeur.<br>Envoyez-les à la campagne.<br>Apportez-lui une bouteille de vin.<br>Lève-toi.<br>Va**s**-y. |
| 부정 명령문 | Ne nous attendez pas.<br>Ne me regarde pas.<br>Ne me donne pas ça.<br>Ne nous dépêchons pas.<br>N'en parle pas. | Ne la donne pas au professeur.<br>Ne les envoyez pas à la campagne.<br>Ne lui apportez pas de vin.<br>Ne te lève pas.<br>N'y va pas. |

**[연습문제 3]** 주어진 문장과 같은 메시지를 전달하도록 보기와 같이 밑줄 친 부분을 보어 인칭 대명사로 바꾸어 적절한 명령문으로 만드시오.

보기) Vous devez écrire à M. Dublet. → Écrivez-lui.

1) Tu dois téléphoner à tes amis ce soir. →
2) Tu dois annoncer cette nouvelle à Mme Leblanc. →
3) Nous devons féliciter les enfants. →
4) Vous ne devez plus refaire la même faute. →
5) J'attends votre appel ce soir à huit heures. →
6) Tu dois aller chez tes parents. →

**[연습문제 4]** 아래 문장을 보기와 같은 명령문 형태로 바꾸어 보시오.

보기) Tu t'assieds. → Assieds-toi !

1) Vous ne pouvez pas vous asseoir ici !
2) Pierre, tu te lèves vite !
3) Vous êtes en retard ! Vous vous dépêchez !
4) Ce soir, tu ne te couches pas tard !

[연습문제 5] 다음 글을 읽으면서 맥락상 알맞은 문장을 만들어 넣으시오.

M. et Mme Duval ne sont jamais d'accord. Ce n'est pas facile pour Aude, la jeune fille au pair.

Aude: Je couche les enfants ?

M. Duval: Oui, ____________________ (les coucher). C'est l'heure.

Mme Duval: Non, ________________________ (ne pas les coucher) encore. Ils n'ont pas fini leurs devoirs.

Aude: Je passe l'aspirateur ?

M. Duval: Oui, ____________________ (le passer), il y a plein de poussière.

Mme Duval: Non, ____________________ (ne pas le passer) tout de suite. Je vais regarder la télé.

Aude: Je peux rendre les CD à la bibliothèque ?

M. Duval: Oui, sans problème, __________________ (les rendre). Je les ai déjà écoutés.

Mme Duval: Non, ____________________ (ne pas les rendre). J'ai aussi envie de les écouter.

## 3. 중성대명사 le(1)

| | |
|---|---|
| 직접목적보어 | Je ne suis pas riche, vous le savez bien.<br>Agissez, il le faut.<br>Ils sont partis ? – Oui, je le pense.<br>Je vais leur dire que tu es de retour en Corée. – Pas question. Ne le dis à personne. |
| 속사 | Je suis sûr qu'elle est mariée. – Non, elle ne l'est pas.<br>Vous êtes mère de famille ? – Oui, je le suis.<br>Elle était en colère ? – Oui, elle l'était vraiment. |
| le faire | Tu as vérifié la boîte aux lettres ? – Oui, je l'ai fait.<br>Téléphoner au bureau ? Je peux le faire à ta place. |

## 4. 형용사 구문

| (être) + 형용사 + de + 명사/부정법 | |
|---|---|
| Enchanté de vous connaître. | Je suis très heureux de vous voir. |
| Elle est très fière de sa fille. | Je suis désolé de vous répondre si tard. |
| Elle est capable de tout/réussir. | Je suis triste de ne pas l'avoir vu. |

| (être) + 형용사 + à + 명사/부정법 | |
|---|---|
| Il est fidèle à sa parole. | Je suis prête à tout/partir pour l'aider. |
| Elle est habile à ce jeu. | Il n'est pas habitué à la nouvelle technologie. |

| (être) + 형용사 + à +부정법 | |
|---|---|
| C'est un texte facile à comprendre. | Ces problèmes sont difficiles à résoudre. |
| C'est facile à faire. | La suite est facile à imaginer. |
| cf.) C'est facile de le faire. | |

## 5. 여러 가지 표현

### 1) arriver 동사의 구문

Nous arrivons à Madrid demain.

Je n'arrive pas à dormir la nuit. – Moi non plus, je n'y arrive pas facilement.

Un accident lui est arrivé.

Il (leur) est arrivé un miracle.

### 2) 기타 표현

Mettez-vous à l'aise.

Ne vous inquiétez pas.

Ça m'est égal.

Je m'en fous.

Et alors ?

Ah bon ?

Quelle surprise !

C'est surprenant !

Je rêve !

Ça m'étonne.

Quelle drôle d'idée !

C'est étonnant !

C'est incroyable !

## Activités I

### 1. 프랑스어로 옮기시오.

1) 걱정하지 마. 너는 무엇이든 할 수 있어. (s'inquiéter, capable, faire, tout)

→

2) 나에게 믿을 수 없는 일이 일어났다. (arriver, chose)

→

3) 그들은 벌써 아프리카로 떠났는데, 아무도 (그것을) 모르고 있었다. (partir, personne, savoir) →

4) 이 병은 일찍 발견하기가 쉽지 않다. (maladie, détecter)

→

5) 그들의 무관심에 실망했다. (déçu)

→

### 2. 보기와 같이 제시된 단어를 대명사로 바꾸어 긍정, 부정 명령문의 형태로 다양한 제안을 해보시오.

보기) les fleurs
→ Les fleurs ? Admirez-les, photographiez-les, mais ne les cueillez pas.

1) les amis (aimer, écouter, trahir...)

2) la télévision (allumer, regarder, éteindre...)

3) les animaux (protéger, contempler, maltraiter...)

4) les enfants (soigner, aimer, gâter...)

5) les personnes âgées (respecter, aider, mépriser...)

## Activités 2

1. 본문의 내용을 참조하여 다음 질문에 답해 보시오.

   1) Pourquoi est-ce que Fabrice n'a pas d'appétit ?

   2) Quel est le caractère de Fabrice ?

   3) Est-ce que Céline n'a jamais eu peur de parler en public ?

   4) Avez-vous, vous aussi, le même problème que Fabrice ? Si oui, comment faites-vous pour le surmonter ?

# Leçon 7 Conseils pour un logement

*Mina est arrivée en France il n'y a pas très longtemps. Elle vient de trouver un logement et envoie un courriel à son amie Éva. Et voici la réponse d'Éva.*

Salut Mina,

Je suis contente d'avoir eu de tes nouvelles. Ça fait déjà trois semaines que tu es partie à Paris. Félicitations pour ton studio, car c'est vraiment difficile de trouver un appartement libre à Paris, surtout à cette période ! Je trouve le loyer un peu cher, mais bon. On ne peut pas tout avoir !

Tu signes donc le contrat samedi, c'est ça ? On t'a sûrement déjà tout expliqué, mais je te donne quelques détails quand même. Le jour du contrat, tu dois préparer un chèque pour le loyer du premier mois et la caution. La caution, c'est en général deux mois de loyer, et le propriétaire te la rendra quand tu quitteras l'appartement. Tu dois aussi faire un état des lieux avec ton propriétaire. Regarde bien les murs, le lavabo, l'évier, ouvre les portes et les fenêtres, enfin vérifie tout ce qu'il faut. S'il y a des problèmes, note-les bien, et si c'est grave, n'hésite pas à demander de les réparer. À la fin, chacun doit signer la fiche d'état des lieux et ton propriétaire t'en donnera un exemplaire. Sinon, demande-le-lui.

Ce qui est super, c'est qu'une fois installée dans ton nouvel appartement, tu peux demander une allocation de logement. C'est une aide financière de l'État.

Tu peux inviter des amis chez toi, mais ne les y amène pas tous les soirs. Certains voisins peuvent se plaindre.

Bon courage pour le contrat et écris-moi de temps en temps.

Je t'embrasse.

# Grammaire et Expressions

## 1. 보어 인칭대명사 및 중성대명사의 중첩

### 1) 평서문, 의문문 및 부정 명령문

| | | | | | | |
|---|---|---|---|---|---|---|
| | me | | | | | |
| | te | le | | | | |
| (ne) | nous | la | lui<br>leur | y | en | 동사 (pas) |
| | vous | les | | | | |
| | se | | | | | |

Le loyer, ils vont vous le payer en fin de semaine.

Je ne te la donnerai jamais.

Il les y a envoyés.

Un croissant, s'il vous plaît. – Désolé, il n'y en a plus.

Ne me le dites pas.

cf.) Voulez-vous nous présenter à eux ?

De toute façon, elle ne s'intéresse pas à moi.

**[연습문제 1]** 괄호 속의 대명사를 순서에 맞게 배열하시오.

1) Tu ________ __________ as rendus ? (les, lui)

2) Je ne ________ __________ souviens plus. (en, me)

3) Ils ne ________ __________ intéressent pas beaucoup. (se, y)

4) Ne ________ __________ prêtez pas. (leur, le)

5) Ne ________ __________ faites pas. (vous, en)

### 2) 긍정 명령문

| 동사 | - | le<br>la<br>les | - | moi<br>toi<br>lui<br>nous<br>vous<br>leur | ou | 동사 | - | m'<br>t'<br>l'/lui<br>nous<br>vous<br>les/leur | (-) | en<br>y |
|---|---|---|---|---|---|---|---|---|---|---|

Lisez-le-moi, s'il vous plaît.

Tu n'es pas seul. Répète-le-toi souvent.

Apporte-m'en une bouteille.

C'est un message important. Si vous rêvez d'un monde différent, intéressez-vous-y !

Va-t'en.

**[연습문제 2]** 괄호 속의 대명사를 순서에 맞게 배열하시오.

1) Donne-__________ tout de suite. (lui, les)

2) Donnez-__________ un paquet, s'il vous plaît. (me, en)

3) Leur fils est mort. Mais parlez-__________ plus tard. (en, leur)

**[연습문제 3]** 대명사를 사용해서 보기처럼 바꾸어 보시오.

보기) La malade est au courant du développement de sa maladie ?
– Non, le médecin ne lui a pas encore expliqué <u>le développement de sa maladie</u>.
→ Non, le médecin ne le lui a pas encore expliqué.

1) Vous n'avez pas les clés ?
– Euh, non, je vais vous donner <u>les clés</u> demain.
→

2) Le guide ne m'a pas rendu mon billet.
– Il faut lui demander <u>ton billet</u> !
→

3) Oh là là ! Muriel t'a dit ? Il y a un problème !

– Non, elle ne m'a pas parlé de ce problème !

→

4) Sylvie m'a demandé de l'argent.

– Tu ne lui as pas prêté d'argent, j'espère !

→

5) Des tomates ? Oui, combien ?

– Donnez-moi deux kilos de tomates, s'il vous plaît.

→

## 2. ce qui / ce que

Prenez ce qui est bon marché.

C'est tout ce qui lui reste de son père.

Je vous dis ce que je pense.

C'est tout ce que vous avez entendu ?

[연습문제 4] ce qui와 ce que 중 알맞은 표현을 넣으시오.

1) ______________ me plaît, c'est de discuter avec les gens.

2) ______________ je pense est très personnel.

3) J'ai oublié de faire ______________ il m'a demandé hier.

4) ______________ tu dis n'est pas forcément faux.

5) Tout ______________ elle fait est parfait.

## 3. 속사구문(2): 목적보어 속사

Je trouve Fabienne très **charmante**.

Comment trouves-tu son site Internet ? – Je le trouve **nul** et **ennuyeux**.

Cette nouvelle les a rendus **tristes**.

[연습문제 5] 괄호 속의 동사를 사용하여 보기와 같이 바꾸시오.

보기) Les clients sont énervés. (trouver)
→ Je les trouve énervés.

1) Cette voiture est peu élégante. (trouver)

→ Nous ______________________________.

2) Sandrine est heureuse. (rendre)

→ Cette nouvelle ______________________________.

3) Ils ne sont pas très courageux. (trouver)

→ Je ______________________________.

4) C'est absolument ridicule ! (trouver)

→ Je ______________________________.

## 4. 시간 표현 ça fait...

Ça fait longtemps que je ne l'ai pas vue.

Ça ne fait pas très longtemps que je leur ai écrit.

Ça fait trois fois que j'essaye de te joindre.

| | |
|---|---|
| Ça fait<br>Il y a<br>Voilà | déjà dix ans qu'il nous a quittés. |

## 5. 여러 가지 표현

### 1) croire que oui / non

Ils sont riches ? – Je crois que non.

Vont-ils se marier ? – Je crois que oui.

Personne n'est absent, j'espère ? – Bien sûr que non.

Tu ne pourras pas garder le secret. – Je te jure que si.

### 2) toujours

Il respecte toujours les lois.

Ils habitent toujours au Canada ? – Oui, mais plus à Montréal.

| | | |
|---|---|---|
| Son point de vue n'est pas | toujours<br>forcément<br>nécessairement<br>tout à fait | religieux. |

Il n'est toujours pas arrivé.

### 3) 기타 표현

Encore la pluie... j'en ai assez !

J'en ai assez de l'attendre.

Plus de mensonges ! J'en ai marre !

Arrête ! Ça suffit comme ça.

# Activités I

## 1. 프랑스어로 옮기시오.

1) 벌써 한 시간째 버스를 기다리고 있다. (ça fait…)

→

2) 어머니는 아직도 병원에 계신다. (toujours)

→

3) 그는 여전히 책임을 지고 싶어하지 않는다. (prendre, responsabilité, toujours)

→

4) 그 사람이 나한테 전화할까? – 그럴 거라고 생각해. (croire)

→

5) 그 여자는 너한테 관심없어. (s'intéresser)

→

## 2. 여러분 지신에 대하여 보기처럼 대답해 보시오.

보기) Vous prêtez votre stylo à votre petit fils ?
– Oui, je le lui prête souvent.
– Non, je ne le lui prête pas.

1) Vous parlez de votre vie privée à vos professeurs ?

2) Votre père vous prête sa voiture ?

3) Vous offrez beaucoup de cadeaux à votre petit(e) ami(e) ?

4) Vous vous intéressez à l'écologisme ?

## Activités 2

### 1. 다음의 문장이 본문의 내용과 일치하는지 답하시오.

1) À Paris, il n'est pas facile de trouver un studio. (V / F / ?)

2) La caution d'un appartement correspond à douze mois de loyer. (V / F / ?)

3) Mina va signer le contrat samedi. (V / F / ?)

4) Mina va devenir propriétaire. (V / F / ?)

5) Éva a déjà vécu à Paris. (V / F / ?)

### 2. Décrivez ces studios, appartements, maisons à louer ou à vendre.

ex) 1) C'est une maison à louer, située à Fontenay…

1)

À louer Fontenay
Maison 105 $m^2$, bien agencée.
Quartier calme et aéré.
01 33 56 99 77

2)

À vendre Passy
Studio plein sud, 20 $m^2$, clair, coin cuisine, douche, WC. 2$^e$ étage.
120000 euros.
jprevert@wanadoo.fr

3)

12$^e$. À louer
3 pièces, très clair. 6$^e$ étage sans ascenseur. Grand séjour. Quartier vivant, proche écoles et commerces.
850 euros+charges.
Agence Toulogis 01 45 60 38 17

# Leçon 8 Au guichet

Benjamin: Bonjour, monsieur. Je voudrais un aller-retour Paris-Toulouse s'il vous plaît.

L'employé: Oui, c'est pour quelle date ?

Benjamin: J'aimerais partir le 12 décembre et revenir le 14 décembre. En deuxième classe.

L'employé: D'accord. Il y a des places disponibles.

Benjamin: Je pourrais connaître le prix, s'il vous plaît ?

L'employé: Vous avez quel âge ? Il y a une réduction pour les jeunes.

Benjamin: J'ai 27 ans.

L'employé: Ah, ce n'est pas possible alors. Sinon, vous êtes abonné ?

Benjamin: Eh bien non, je ne voyage pas souvent en train...

L'employé: Bon alors, ça fait 152 euros.

Benjamin: Oh là là, qu'est-ce que c'est cher !

L'employé: Si vous aviez moins de 25 ans, votre billet ne coûterait que 90 euros, ou avec une carte d'abonnement, ça ne serait pas très cher non plus. En plus, vous réservez un peu trop tard. C'est un week-end et les billets pas chers sont déjà tous partis: on les a tous vendus !

Benjamin: C'est vrai... J'ai décidé de partir à la dernière minute...

L'employé: Mais vous devriez vous dépêcher si vous voulez vraiment voyager, car il ne reste plus beaucoup de places...

Benjamin: Oui... vous avez raison. Tant pis, je vais prendre le billet.

L'employé: Alors on y va... Voilà votre billet.

Benjamin: Je vous remercie.

L'employé: À votre service !

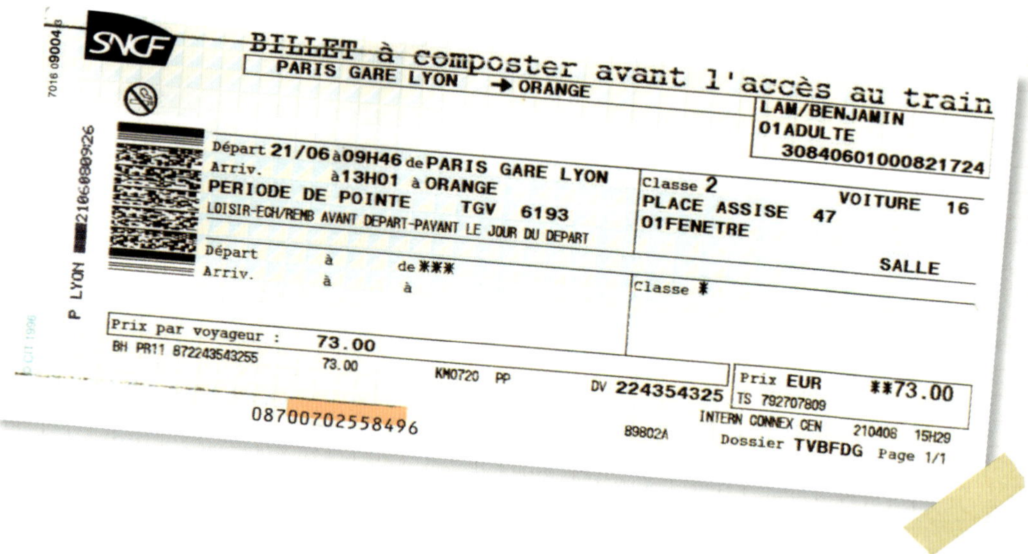

# Grammaire et Expressions

## 1. 조건법 현재: 단순미래 어간 + 반과거 어미

| | | | |
|---|---|---|---|
| j' | *aimer***ais** | je(j') | *fer***ais** |
| tu | *aimer***ais** | tu | *verr***ais** |
| il/elle | *aimer***ait** | il/elle | *ir***ait** |
| nous | *aimer***ions** | nous | *aur***ions** |
| vous | *aimer***iez** | vous | *ser***iez** |
| ils/elles | *aimer***aient** | ils/elles | *viendr***aient** |

### 1) 완곡한 표현

Je voudrais une baguette, s'il vous plaît.

J'aimerais parler à madame la directrice.

Pourriez-vous me rendre un petit service ?

Tu devrais lui dire la vérité.

[연습문제 1] 다음 표현을 보다 공손한 표현으로 바꾸어 보시오.

1) Je veux un ordinateur et une imprimante.

2) Peux-tu le faire pour moi ?

3) Je peux parler à M. Baptiste ?

4) Tu nous amèneras au cinéma ?

### 2) 추측 / 가정

Le président serait à Berlin aujourd'hui.

À mon avis, un bouquet de fleurs, ça lui ferait très plaisir.

Si j'avais le temps, je viendrais te voir.

Si tu venais demain, nous irions ensemble à la piscine.

cf.) Si tu viens demain, nous irons ensemble à la piscine.

Si l'ordinateur était vraiment en panne, tu ne pourrais plus du tout travailler.

À ta place, je ne parlerais pas aux clients de cette manière.

**[연습문제 2]** 보기와 같이 주어진 단어들을 배열하여 올바른 문장을 만드시오.

> 보기) si / tout de suite / on avait / numéro / son / on l'appellerait
> → Si on avait son numéro, on l'appellerait tout de suite.

1) retraite / si / je prendrais / ma / je pouvais / à cinquante ans

→

2) je ferais / s'il / tout / revenait / veut / ce qu'il / de moi

→

3) pas / à / place / je / ta / ne / partirais

→

4) Internet / si / trop occupé / j'étais / je commanderais / les produits / par

→

### 3) 과거 시점에서의 후시적 표현

J'ai cru qu'il neigerait le lendemain.

Tu as bien dit que tu viendrais me chercher à l'aéroport, n'est-ce pas ?

Elle m'a dit qu'elle partirait en Afrique.

**[연습문제 3]** 다음 대화를 보기처럼 과거형으로 바꾸어 보시오.

> 보기) - Qu'est-ce qu'elle a dit ?
> - Elle a dit qu'elle téléphonerait quand elle arriverait à la gare.
> - Qu'est-ce qu'elle a dit encore ?
> …

– Qu'est-ce qu'elle dit ?

– Elle dit qu'elle téléphonera quand elle arrivera à la gare.

– Qu'est-ce qu'elle dit encore ?

– Elle dit qu'il faudra aller la chercher parce qu'elle sera chargée.

– C'est tout ce qu'elle dit ?

– Non, elle dit qu'elle nous attendra le temps qu'il faudra.

– Elle ne dit rien d'autre ?

– Si, elle dit qu'elle restera un bon mois avec nous.

## 2. 감탄문(2): Comme/Que/Ce que/Qu'est-ce que + 문장 !

| | | |
|---|---|---|
| Comme<br>Que(Qu')<br>Qu'est-ce que(qu')<br>Ce que(qu') | + | c'est curieux !<br>c'est fatigant de rester debout !<br>ça sent bon !<br>il a grossi ! |

## 3. 의문사 qui est-ce qui / qui est-ce que / qu'est-ce qui / qu'est-ce que

| | 주어 | 직접목적보어/속사 |
|---|---|---|
| 사람 | qui<br>qui est-ce qui | qui<br>qui est-ce que |
| 사물 | -<br>qu'est-ce qui | que<br>qu'est-ce que |

Qui sera le nouveau président ? (= Qui est-ce qui sera le nouveau président ?)

Qui cherchez-vous ? (= Qui est-ce que vous cherchez ?)

Qui est-ce ? (= Qui est-ce que c'est ?)

Qu'est-ce qui se passe ?

cf.) Qu'est-ce qu'il se passe ?

Que cherches-tu ? (= Qu'est-ce que tu cherches ?)

Qu'est-ce que c'est ? (= Qu'est-ce ?)

## 4. 다양한 비인칭 구문

Il se passe une chose étrange chez moi depuis la semaine dernière.

Qu'est-ce qu'il se passe ?

Il m'est arrivé un accident.

Que vous est-il arrivé ?

Mais qu'est-ce qu'il y a ?

Il ne nous reste pas beaucoup d'eau.

Il te manque de la patience.

Il est important de faire régulièrement du sport.

Il était une fois une très belle princesse dans un grand palais.

Vous avez lu *Une vie* ? De quoi s'agit-il dans ce roman ?

Il commençait à pleuvoir.

Il y avait beaucoup de monde dans ce restaurant.

Il faut faire des efforts pour réussir.

Il est temps de nous dire au revoir.

[연습문제 4] 서로 어울리는 표현끼리 연결해 보시오.

| | | | |
|---|---|---|---|
| 1) Il est arrivé... | • | • | de répondre à cette question. |
| 2) Il ne reste... | • | • | deux informaticiens. |
| 3) Il se passe... | • | • | un accident sur l'autoroute de l'Est. |
| 4) Il manque... | • | • | qu'une demi-baguette. |
| 5) Il est inutile... | • | • | toujours des incidents le jour de cette manifestation. |

## 5. 여러 가지 표현

### 1) 간투사

**Dis donc**, comme tu es bavard !

**Bon**, on recommence.

**Eh bien**, on mange quoi ce soir ?

**Tiens**, te revoilà !

**Allez**, viens ici.

**Alors**, tu viens ou pas ?

### 2) remercier / prier / saluer / consulter

Il l'a remerciée d'avoir chanté pour lui.

Prions le ciel de nous aider.

Entrez, je vous en prie.

Saluez-le de ma part.

Tu ne veux pas consulter un médecin ?

### 3) 기타 표현

Bon, on y va. C'est l'heure.

Allez, vas-y, raconte !

Je ne pourrai pas assister au concert.

- Tant pis (pour toi).

Il a eu son bac.

- Tant mieux (pour lui).

Voilà des fleurs pour vous.

– Vraiment, c'est trop gentil ! / Mais il ne fallait pas !

## Activités 1

### 1. 프랑스어로 옮기시오.

1) 참 감동적이기도 하지! (émouvant)

→

2) 어머님께 인사 전해주십시오. (saluer, votre mère)

→

3) 그는 내게 돌아와줘서 고맙다고 했다. (remercier, revenir)

→

4) 모두 같이 갑시다. (y, aller, tous)

→

5) 냉장고에 아직 달걀이 세 개 남아있어. (rester, réfrigérateur)

→

## Activités 2

### 1. 본문의 내용을 참조하여 다음 질문에 답해 보시오.

1) Quand est-ce que Benjamin veut partir à Toulouse ?

2) Pourquoi est-ce que l'employé demande l'âge de Benjamin ?

3) Benjamin n'a pas de carte d'abonnement. Pourquoi ?

4) Finalement, à quel prix est-ce qu'il achète son billet ?

2. 친구가 다음과 같은 말을 한다면 어떤 조언을 해줄 수 있을지 제안해 보시오.

1) J'ai attrapé la grippe.

2) Je suis fatigué(e).

3) J'ai mal aux dents.

4) Je n'ai pas le temps d'aller faire les courses.

5) Je ne sais pas quoi faire ce week-end. Je vais m'ennuyer.

3. 아래 표현들을 참고하여 프랑스 식당에서 사용할 수 있는 문장을 만들어 보시오.

une table près de la fenêtre
un peu de pain
des haricots (à la place des frites)
l'addition
la carte
une carafe d'eau
le café avec le dessert

보기) Est-ce que je pourrais avoir une table, près de la fenêtre ? …

# Leçon 9 Les portables : le bien et le mal

Au début des années 2000, un téléphone portable remplissait uniquement la fonction de communication mobile. Ce n'est plus le cas ! On peut prendre des photos, écouter de la musique, regarder des films et même accéder à Internet. De plus, l'arrivée des « smartphones » est une révolution dans l'univers mobile ! Ils servent de véritable « mini » ordinateur. Pour la plupart des gens, le portable est l'invention la plus géniale de la fin du 20$^{e}$ siècle et le meilleur moyen pour communiquer à distance. Il nous permet notamment de rester « connectés » au monde à tout moment. Les personnes en voyage d'affaires à l'étranger peuvent travailler avec leurs collègues de bureau en temps réel, les amoureux qui sont loin l'un de l'autre peuvent se voir et se parler grâce aux fonctions d'appel vidéo. Bref, on peut joindre n'importe qui, n'importe quand, n'importe où avec le portable.

Toutefois, cet appareil extraordinaire n'a pas que des avantages. Il provoque non seulement des nuisances sonores dans les lieux publics, mais il nous amène aussi à perdre de plus en plus les « vrais » contacts. On se voit moins, on se parle moins réellement. D'un autre côté, les textos, même s'ils sont très pratiques (on peut communiquer sans parler et ça coûte moins cher que les appels), n'ont pas tout à fait la même valeur que la sincérité d'un regard ou d'un geste. D'ailleurs, avec le portable, contrairement au téléphone fixe, il n'est pas toujours possible de savoir où est l'interlocuteur. Alors, celui-ci peut très bien mentir pour cacher où il est ! Le téléphone portable a donc autant d'inconvénients que d'avantages. À vous de vous en servir avec intelligence !

# Grammaire et Expressions

## 1. 동사의 활용

| | servir |
|---|---|
| je | sers |
| tu | sers |
| il/elle | sert |
| nous | servons |
| vous | servez |
| ils/elles | servent |

Elle sert un bon café à son amie.

Servez-vous, je vous en prie.

Ce couteau sert à ouvrir les huîtres.

À quoi sert la presse ?

Elle leur a servi de modèle.

En Asie, on se sert de baguettes pour manger.

[연습문제 1] 빈칸에 servir 동사의 알맞은 형태를 넣고 문장을 해석해 보시오.

1) Je vous _________________ un verre d'eau ?

2) Ça ne_________________ à rien.

3) Ce livre leur a _________________ de guide.

4) Ça te _________________ de leçon. (단순미래)

## 2. 비교급

### 1) 형용사/부사 비교

plus<br>moins + 형용사/부사 + (que...)<br>aussi (si)

Nous ne sommes pas plus / moins / aussi forts qu'eux.

Je ne suis pas si bête.

Le repas est moins bon / meilleur qu'hier.

Nous voyageons plus / moins / aussi souvent qu'elle.

Ne parle pas si fort !

Elle a moins bien / mieux dansé que les autres.

Il vaut mieux réagir tout de suite.

[연습문제 2] 보기처럼 비교의 뜻을 나타내는 문장을 만들어 보시오.

보기) J'ai un salaire ______________________ (élevé/(-)) que lui, mais j'ai une maison ______________________ (cher/(+)).
→ J'ai un salaire moins élevé que lui, mais j'ai une maison plus chère.

1) Je te souhaite une ____________________ santé. (bon/(+))

2) Je vous entends très mal. Pourriez-vous parler _____________ ? (fort/(+))

3) Il n'avance pas ____________________ que ses collègues. (vite/(=))

4) Ce n'est pas ____________________ (facile/(=)) que ça.

## 2) 동사/명사 비교

동사 + plus / moins / autant (tant) + (que...)

plus / moins / autant (tant) + de + 명사 + (que...)

Françoise gagne plus / moins / autant que nous.

Elle ne travaille pas plus qu'eux, et pourtant elle touche autant d'argent.

Je mange plus de légumes que de viande.

Marie a commis moins de fautes que Guillaume.

Dans ce pays, il y a plus de liberté d'expression qu'avant.

[연습문제 3] 보기처럼 비교의 뜻을 나타내는 문장을 만들어 보시오.

보기) lire / journaux (+) / magazine (–) / Stéphane
→ Stéphane lit plus de journaux que de magazines.

1) acheter / robes (–) / pantalons (+) / elle

→

2) avoir / clients (=) / leur concurrent / ils

→

3) vendre / crème pour le visage (+) / gel douche (–) / nous

→

4) travailler / le patron (–) / la secrétaire (+)

→

## 3. 최상급

### 1) 동사/부사/명사의 최상급

| 동사 + le plus / le moins |
|---|
| le plus / le moins + 부사 |
| le plus / le moins + de + 명사 |

Parmi ses amis, Didier est celui qui pèse le moins, mais qui mange le plus.
Sandrine est celle qui court le moins vite de sa classe.
Rentrez le plus tôt possible (aussi tôt que possible).
Le plus souvent, ses films finissent par un drame.
Lequel des acteurs a le mieux joué dans le film ?
Le gouvernement doit faire des efforts pour créer le plus d'emplois possible.
Il est celui qui a le moins d'influence dans ce groupe.

### 2) 형용사의 최상급

le / la / les / mon / ta ... + plus / moins + 형용사

Cette fille était la plus belle du village.
Hélène est la moins sympathique des sœurs Dumas.
Vous n'êtes pas le plus âgé de nous tous.
Elle est la plus jeune d'entre nous.
Je vais toujours au bar le plus proche de chez moi.
Brigitte et Lisa sont ses meilleures amies.

[연습문제 4] 빈칸에 mieux, le mieux, meilleur(e)(s), le/la/les meilleur(e)(s) 중 알맞은 표현을 넣으시오.

1) Tes crêpes sont très bonnes, mais celles de Loïc sont ______________.
2) Gabriel travaille bien, mais il travaillait ____________ l'année dernière.
3) Selon vous, qui sera ____________ sportif de l'année ?
4) À mon avis, ______________ vins sont ceux de Bourgogne.
5) Quels sont vos ______________ desserts ?

## 4. 중성대명사 le(2)

| | |
|---|---|
| 비교의 표현과 함께 | C'est moins dangereux qu'on le croit.<br>Elle a beaucoup plus de charme que tu ne le penses. |

## 5. 여러 가지 표현

### 1) n'importe

N'importe qui serait le bienvenu.
Il dit n'importe quoi !
Je te suivrai n'importe où.

Je peux venir n'importe quel jour ?

Je connais bien ses défauts ; peu importe (qu'importe), je l'aime toujours.

**2) non/pas seulement ... + mais aussi/encore/en plus ...**

Non seulement le climat mais aussi la culture est très différente dans ce pays.

Non seulement je fais la cuisine, mais encore je fais la vaisselle.

Non seulement j'ai raison, mais en plus je peux le prouver.

**3) même si ...**

C'est un bon romancier même s'il n'a pas reçu de prix littéraire.

Même si elle souffre, elle ne se plaint pas.

Même s'il avait de l'argent, il ne m'en prêterait pas.

**4) d'un côté ... d'un autre / de l'autre (côté)**

D'un côté, il faut diminuer la pollution, de l'autre côté, il faut développer des énergies alternatives.

D'un côté, la religion peut rapprocher les gens, mais d'un autre, elle peut provoquer des conflits.

**5) (c'est) + à qn + de + 부정법**

Ce soir, c'est à toi de sortir la poubelle.

C'est à nous de prendre la décision, pas à vous.

À vous de répondre maintenant.

## Activités I

### 1. 프랑스어로 옮기시오.

1) 그는 네가 생각하는 것보다 씀씀이가 더 크다. (dépenser, penser)

→

2) 우리 언니는 식구들 중 가장 말이 없다. (parler, moins)

→

3) 로베르는 제일 게으른 학생 중 한 명이다. (Robert, un des élèves, travailleur/studieux/assidu)

→

4) 나는 너를 따라 어디든 가겠다. (suivre, n'importe)

→

5) 아무 소용이 없다 하더라도 시장에게 편지를 쓰겠다. (même si, servir, maire)

→

### 2. 다음 자료를 바탕으로 보기처럼 비교의 표현을 만들어 보시오.

보기) Jean est plus grand que Luc. Il pèse plus que lui. (Jean et Luc)

| | taille | poids |
|---|---|---|
| Jean | 1m 70 | 80 kg |
| Paul | 1m 85 | 80 kg |
| Luc | 1m 65 | 65 kg |
| Michel | 1m 70 | 60 kg |
| André | 1m 75 | 70 kg |

1) Jean et Michel

2) Luc et André

3) Jean et Paul

4) Michel et Luc

## Activités 2

1. 본문의 내용을 바탕으로 아래 보기의 동사를 적절히 이용하여 다음 글을 완성시키시오.

보기) choisir, se repérer, surfer, prendre, envoyer, recevoir, regarder, téléphoner

Téléphones portables : guide d'achat

L'époque où les téléphones mobiles servaient seulement à téléphoner semble bien lointaine quand on voit ce que les produits actuels permettent de faire : ________________ sur Internet, ______________ et ______________ des mails, ______________ avec un GPS, ______________ de la vidéo, ____________________ des photos, etc. La liste des possibilités offertes par ces petits appareils s'allonge à chaque nouvelle révolution technologique. Alors, il n'est pas toujours facile de bien ________________ son téléphone portable. Voici donc quelques conseils pour vous. Il faudrait d'abord voir quel type d'utilisateurs vous êtes : vous voulez juste ________________ ? Vous êtes un professionnel ou vous êtes un technophile ?

# Leçon 10 / La chanson française

On a souvent une image stéréotypée de la chanson française : pour beaucoup, Édith Piaf en est toujours le symbole. Bien entendu, elle est l'une des artistes les plus célèbres, mais elle n'est pas la seule à représenter la France. La chanson française, définie par l'usage de la langue française, recouvre des genres très divers. À côté de la musique « traditionnelle », on trouve du hip-hop, du jazz, du rock, du reggae, du slam, de tout !

Parmi les chanteurs les plus « classiques » de la chanson française, on peut citer Georges Brassens, Barbara ou Serge Gainsbourg, entre autres. Les interprètes comme Charles Aznavour, Johnny Hallyday, Jean-Jacques Goldman ou Patrick Bruel, eux aussi connus depuis longtemps, sont toujours en pleine activité. D'autres sont plus jeunes mais connaissent un grand succès: Olivia Ruiz, Zaz, Julien Doré, Vianney...

La chanson française moderne a souvent été inspirée, initialement, par des poètes comme Baudelaire, Verlaine, Rimbaud ou Prévert. Leurs poèmes ont été chantés par de nombreux chanteurs, et notamment par Léo Ferré.

Les chanteurs aujourd'hui visent différents publics sur des thèmes variés. Certains sont très engagés. Les paroles de Mickey 3D, Yannick Noah, Tryo défendent l'écologie. Renaud, le « chanteur énervant », a toujours milité pour les droits de l'homme ou l'antimilitarisme.

Il y a aussi des chanteurs francophones de nationalité étrangère. Les artistes africains, belges ou canadiens comme Maître Gims, Natasha Saint-Pier, Stromae, Hooverphonic sont très aimés des Français.

Les styles et les origines de la chanson française et de ses interprètes sont d'une grande variété. Il y en a vraiment pour tous les goûts !

## Grammaire et Expressions

### 1. 수동태

| être + 타동사의 과거분사 + (par/de + 명사) | |
|---|---|
| Le gardien ouvre l'école à 9 heures. | → L'école est ouverte par le gardien à 9 heures. |
| Tout le monde connaît bien cette histoire. | → Cette histoire est bien connue de tout le monde. |
| On repeindra toutes les salles. | → Toutes les salles seront repeintes. |
| François Mitterrand a aboli la peine de mort en 1981. | → La peine de mort a été abolie par François Mitterrand en 1981. |

Cet acteur est aimé de tous les jeunes.

Ce roi est détesté de ses sujets.

Ses romans sont seulement connus des spécialistes de littérature.

Cette information est ignorée de la plupart des étudiants.

En hiver, la montagne est couverte de neige.

cf.) La place s'est vite remplie de monde.

Rome ne se visite pas en un jour.

La porte est ouverte./Une porte ouverte.

Cette histoire est connue./Une histoire très connue.

**[연습문제 1]** a)와 b)의 뜻이 유사하도록 빈칸에 알맞은 표현을 넣으시오.

1) a) Cette journée sans voiture a été organisée par la mairie.

b) ________________ a organisé cette journée sans voiture.

2) a) Une nouvelle eau de toilette a été créée par Chanel.

b) Chanel ________________ une nouvelle eau de toilette.

3) a) On demande le Docteur Sonneville à la réception.

b) Le Docteur Sonneville ________________ à la réception.

4) a) Le 23 décembre, le maire recevra les personnes âgées.

b) Le 23 décembre, les personnes âgées ____________ par le maire.

[연습문제 2] 주어진 동사를 알맞은 형태로 활용시켜 수동태 구문을 완성시키시오.

1) J'aimerais ___________ par votre patron. (recevoir)
2) La Tour Eiffel ___________ à la fin du 19e siècle. (construire, 복합과거)
3) Elle ___________ en 2008. (élire, 복합과거)
4) Cette fête ___________ par les étudiants coréens. (organiser, 단순미래)

[연습문제 3] 다음 글을 수동 구문으로 바꾸시오.

Le Président a reçu le Premier ministre chinois. Les deux chefs d'État ont proposé quelques solutions pour résoudre le problème de la pêche. Les syndicats de pêcheurs vont examiner leurs propositions.

→ Le Premier ministre chinois a été ________________________________

________________________________________________

________________________________________________

________________________________________________

## 2. 부정한정사 / 부정대명사

### 1) plusieurs

Il a créé plusieurs dessins animés en 3D.

Plusieurs de mes amis ont accepté de témoigner pour moi.

### 2) certain

Dans un certain sens, il n'a pas tort.

Un certain Durand est passé vous voir.

Certaines phrases de ton texte sont excellentes.

Certains d'entre eux ont raison.

Certains disent que leur vie est trop banale.

### 3) autre

Je voudrais un autre café.

Vous avez d'autres questions ?

Je le donnerai à un autre que toi.

Certains ont profité de cette politique et d'autres en ont souffert.

### 4) quelques / quelques-un(e)s

Quelques personnes ont déjà participé à ce projet.

Quelques-unes de ces filles croient encore au prince charmant.

Quelques-uns préfèrent prendre le métro, d'autres le bus.

cf.) J'ai invité plusieurs personnes, mais seulement quelques-unes viendront.

Il n'a dit que quelques mots

**[연습문제 4]** 괄호 안에 주어진 표현 중 맥락에 적절한 것을 고르시오.

1) ____________ publicités sont très surprenantes. (certaines / quelque)

2) Depuis ____________ jours, il se plaint de maux de tête. (quelques / d'autres)

3) Il n'a invité que ____________ de mes amis. (quelques / plusieurs / quelques-uns)

4) ____________ d'entre nous viendront probablement. (certaines / quelques)

5) Quels journaux préférez-vous ? – ____________ me plaisent beaucoup, ____________ moins, mais je lis tout. (certain / d'autres / quelques-uns)

[연습문제 5] quelques와 certain(e)s 중 적절한 것을 고르시오.

1) Je pars pour ________________ jours à la campagne.

2) Il mange ________________ fruits.

3) J'ai couru ________________ kilomètres.

4) ____________________ d'entre nous l'ont déjà rencontré.

## 3. être le seul / premier / dernier + à + 부정법

Elle était la seule à m'écouter.

Il a été le premier à utiliser ce terme.

Il serait le dernier à vous prêter de l'argent.

## Activités 1

1. 프랑스어로 옮기시오.

1) 이 주제를 좋아한 가수는 그뿐만이 아니다. (être le seul, thème)

→

2) 그녀는 모든 사람들에게 사랑받고 있다. (aimer, tous)

→

3) 그는 절대로 나에게 거짓말할 사람이 아니다. (être le dernier)

→

4) 다른 날 다시 오겠습니다. (autre)

→

## Activités 2

1. 본문의 내용에 비추어 다음 문장의 참 · 거짓을 가려보시오.

1) Serge Gainsbourg est connu depuis peu de temps. (V / F / ?)

2) Johnny Hallyday n'est pas français. (V / F / ?)

3) Patrick Bruel n'est plus en vie. (V / F / ?)

4) Édith Piaf est une chanteuse très célèbre. (V / F / ?)

2. 좋아하는 한국 가수를 프랑스어로 간략히 소개해 보시오.

# 찾아보기